Álvaro del Portillo
Gonzalo Herranz
Peter Berglar

JOSEMARIA ESCRIVÁ
Instrumento de Deus

2ª edição

Tradução

São Paulo
2025

Títulos originais
Mons. Escrivá de Balaguer, instrumento de Dios, Álvaro
del Portillo
Sin miedo a la vida y sin miedo a la muerte,
Gonzalo Herranz
Mi encuentro con Josemaría Escrivá de Balaguer,
Peter Berglar

Copyright © Edição autorizada por Ediciones
Universidad de Navarra, Pamplona, Espanha

Capa
Karine Santos

Dados Internacionais de Catalogação na Publicação (CIP)

Portillo, Álvaro del / Herranz, Gonzalo / Berglar, Peter
  Josemaria Escrivá: instrumento de Deus / Álvaro del Portillo /
Gonzalo Herranz / Peter Berglar — 2ª ed. — São Paulo: Quadrante, 2025.

  ISBN: 978-85-7465-824-7

  1. Biografia de pessoas religiosas 2. Santos e figuras religiosas
da Igreja Católica contemporânea I. Título

CDD-922

Índice para catálogo sistemático:
1. Biografia de pessoas religiosas
2. Santos e figuras religiosas da Igreja Católica
contemporânea 922

Todos os direitos reservados a
QUADRANTE EDITORA
Rua Bernardo da Veiga, 47 - Tel.: 3873-2270
CEP 01252-020 - São Paulo - SP
www.quadrante.com.br / atendimento@quadrante.com.br

SUMÁRIO

APRESENTAÇÃO 5

INSTRUMENTO DE DEUS 15

  I. O padre, instrumento de Deus 23
    A sua humildade cheia de amor 24
    Entrega sem condições 32

  II. A fundação do Opus Dei 36
    Os vislumbres do querer de Deus 38
    Os sinos de Nossa Senhora dos Anjos 47
    O trabalho dos começos 50
    A expansão apostólica 56
    Alegria no meio da contradição 61
    O seu amor à Igreja e ao Papa 65
    Continuidade e fidelidade 68

  III. A projeção da sua figura
    na Igreja e no mundo 71
    A vocação para a santidade 75
    A dimensão sobrenatural do trabalho 81
    A missão apostólica de todos os fiéis 85
    O "segredo em voz alta" 91

IV. O padre e a universidade 94
O espírito da instituição universitária 96
Um intercessor no céu 101

SEM MEDO DA VIDA E SEM MEDO DA MORTE 107

Um ponto de partida 110

Testemunhando a autenticidade 115

A sua experiência pessoal da dor 121

Palavras humanas para realidades divinas 132

Apologia da normalidade 141

Falando a médicos e enfermeiras 154

Roubar um pedacinho do céu 164

Correspondência de amor 169

Amor à vida 176

MEU ENCONTRO COM JOSEMARIA ESCRIVÁ 185

I. Prólogo 185

II. O encontro inadvertido 197

III. De Roma a Roma 207

APRESENTAÇÃO

A 26 de junho de 1975, falecia em Roma Mons. Josemaria Escrivá, Fundador do Opus Dei. À serena dor que invadiu os seus filhos e filhas espirituais nessa instituição — mais de 60.000 à hora da sua morte —, acrescentou-se pelos cinco continentes, com o correr do tempo, uma onda de devoção pela sua figura e de confiança na sua intercessão junto de Deus. A fama de santidade, que já o rodeava em vida, cresceu e traduziu-se num relacionamento com ele por parte de milhões de pessoas que se inspiravam no seu exemplo e na sua doutrina e obtinham de Deus curas e favores, não só materiais, mas espirituais, tão significativos como aqueles.

Que tinha a vida de Mons. Escrivá para exercer essa atração? Agora que a Igreja se *prepara para declará-lo Bem-aventurado e elevá-lo aos altares, no próximo dia 17 de maio, não é difícil reconhecer uma vez mais que esse fascínio não é fundamentalmente obra dos homens, mas de Deus, que se reflete na vida límpida dos seus santos, quando se deixam seduzir por Ele e lhe correspondem até o último alento.*

A essa correspondência heroica à graça, acrescenta-se, porém, indissoluvelmente, na vida dos Fundadores, o carisma divino que os convoca para uma missão destinada a permanecer além deles, com a permanência da própria Igreja, no seio da qual essa missão surge e se desenvolve. Foi o que aconteceu com Mons. Escrivá, um sacerdote que, apenas três anos depois de ordenado, aos vinte e seis anos de idade, viu num dia preciso o que Deus queria dele: que se empenhasse numa obra que abrisse ao cristão comum, ao homem da rua, a possibilidade de alcançar a santidade sem abandonar os seus deveres diários.

Era um ideal velho como o Evangelho e, como o Evangelho, novo, que conquistara os primeiros cristãos e depois caíra no esquecimento. Mons. Escrivá recebia de Deus a missão de estabelecer o caminho doutrinal, espiritual e jurídico para essa seiva que revigoraria o Corpo Místico de Cristo. Desse seu esforço, far-se-ia eco o Concílio Vaticano II, quarenta anos mais tarde, ao reafirmar, como um dos seus contributos mais específicos e inovadores, como doutrina comum da Igreja, a chamada à santidade de todo o fiel cristão.

Que pregava Mons. Escrivá? A necessidade de tomar a sério os compromissos do Batismo, de buscar a santidade no estado, condição e trabalho em que cada qual se encontra, sem mudar de lugar na sociedade. Era a mobilização mais vasta e profunda de que se tem conhecimento na história da Igreja, depois dos primeiros séculos. Era tornar acessível — não mais fácil — o caminho da "santidade de altar" à multidão, aos homens e mulheres cuja história se resume em não ter história: ao universitário e ao vendedor de sorvetes na rua, à costureira e ao homem de negócios, à mãe de família e ao taxista. Tinham-se aberto "os caminhos divinos da terra".

O seu corpo de doutrina deu-se a conhecer em milhares de páginas escritas, em homílias e em encontros com grupos pequenos e amplos auditórios, em recintos fechados e ao ar livre, sempre em confidência de pai, de irmão, de amigo. Porque, dirigindo-se a todos, o que Mons. Escrivá pretendia era falar a cada um, ao ouvido, à sua intimidade, para que a transformasse.

E não era grato escutá-lo e identificar-se com a sua doutrina, se falava com a simplicidade veraz do Evangelho, e era compreensivo sem deixar de chamar ninguém às suas responsabilidades, alegre sem ser vazio, natural sem interromper o seu diálogo íntimo com Deus, enérgico com a energia do pai bom? E não era consolador entendê-lo, se pedia o extraordinário do ordinário bem feito, o verso heroico em que se pode converter a prosa de cada dia, o sorriso em vez da queixa, a alma grande de ocupar-se em coisas pequenas, o encontro com Deus nas tarefas de todos os dias, porque de outro modo não o encontraríamos nunca? Não o podia entender o pai de família que perdera horas consertando um brinquedo do filho e que ouvia Mons. Escrivá aprová-lo, recordando-lhe que assim lhe consertava Deus os seus estragos?

Foi por isso que milhares e milhares de pessoas de todas as idades e condições o seguiram, e que hoje esse círculo se amplia e atinge os que não o conheceram em vida. Porque veio dizer que a vida diária, a vida corrente e comum, pode ser digna de Deus.

* * *

Após o falecimento de Mons. Escrivá, vieram a público numerosos testemunhos de pessoas que o conheceram, todos eles unânimes em reconhecer a sua santidade de vida e o valor universal da sua doutrina, consubstanciada na sua pregação e na Obra — o Opus Dei — que deixou, com um espírito perfeitamente esculpido. Dentre esses testemunhos, escolhemos dois que nos

*parecem muito significativos nas vésperas
da sua beatificação.*

*O primeiro deve-se a Mons. Álvaro del
Portillo, que teve o privilégio de conviver
durante quarenta anos com Mons. Escrivá, como seu mais próximo colaborador,
e que lhe sucedeu à frente dos destinos do
Opus Dei.*

*No marco de uma sessão de homenagem
a Mons. Escrivá prestada pela Universidade
de Navarra, da qual foi o criador e o primeiro Grão-Chanceler, Mons. dei Portillo
traça com palavras comovidas uma síntese
do trabalho e da heroica entrega a Deus do
Fundador do Opus Dei. Das reflexões que faz
e dos textos do Fundador que cita, emerge a
figura de Mons. Escrivá na dimensão mais
profunda da sua vida e da sua obra: unicamente como* instrumento de Deus. *Descreve
o nascimento do Opus Dei, os seus começos
e o seu desenvolvimento como fruto, sob a
inspiração e a graça de Deus, da mais absoluta fidelidade do seu Fundador ao carisma
divino. Se na história dos santos vida e obra
se juntam, muito mais teria de acontecer e*

efetivamente aconteceu numa vida que se identificou com essa obra, em que o ser e o existir se consumiram no fazer a Vontade, a Obra de Deus.

Analisa também Mons. del Portillo a projeção dessa vida na Igreja e no mundo, com consequências que nos envolvem a todos, pois o que Mons. Escrivá vinha anunciar era que cabe ao cristão alcançar a santidade santificando o trabalho, santificando-se no trabalho e santificando os outros por meio do trabalho. Era esse o "segredo em voz alta" que vinha comunicar e que é universal e intemporal, na medida em que todos os homens terão sempre de ocupar-se no cumprimento do seu dever profissional.

Ainda no âmbito dessa sessão de homenagem, o Prof. Gonzalo Herranz traça um perfil da vida e doutrina de Mons. Escrivá acerca de um dos elementos que mais se desencaixam na vida humana e que mais precisam de encontrar o seu sentido: a dor, o sofrimento, a morte. A dor é uma realidade inseparável da vida quotidiana. E se se trata de encontrar a Deus precisamente na vida quotidiana, como fazê-lo se se exclui a dor do horizonte cristão, para convertê-la em bandeira de luta de classes, em fonte de rebeldias pessoais e de descrença? Mons. Escrivá sofreu muito, física e sobretudo moralmente, mas confessava-se o mais feliz dos homens e dizia que pensava morrer cantando. A sua doutrina sobre a dor abre perspectivas, anima e fortalece, porque ensina que na dor está a fonte da alegria. Não é um paradoxo para quem, como ele dizia, sabe que na Cruz se encontra Cristo, e encontrar Cristo é encontrar uma alegria que faz esquecer tudo o mais.

Por último, o depoimento de alguém que, como o próprio autor confessa, conheceu Mons. Escrivá sem o ter conhecido, que o encontrou sem o ter encontrado, e que nele achou o caminho para uma transformação radical, aos cinquenta e sete anos de idade. O texto do Prof. Peter Berglar mostra-nos Mons. Escrivá na continuidade da sua obra, através da ação dos seus filhos espirituais, dos seus escritos e dos documentários filmados sobre os seus encontros com grupos e multidões. Esse é o meio que se põe ao alcance de todos os que, através dos tempos, queiram transfigurar sob o impulso divino a prosa dos seus dias banais, das suas ocupações sem história. E é o meio que este volume deseja pôr ao alcance do leitor.

INSTRUMENTO DE DEUS

Álvaro del Portillo[1]

Excelentíssimos Senhores,
Digníssimas Autoridades,

---

1 O Bem-aventurado Álvaro del Portillo nasceu no dia 11 de março de 1914 em Madri. Ordenou-se sacerdote em 1944 e doutorou-se em Engenharia, Filosofia e Letras e Direito Canônico. De 1935 a 1975, foi o mais estreito colaborador de São Josemaria Escrivá no governo do Opus Dei, e em 15 de setembro de 1975 o Congresso Geral Eletivo convocado após o falecimento do Fundador elegeu-o, por unanimidade e no primeiro escrutínio, seu sucessor. O Papa São João Paulo II nomeou-o Prelado do Opus Dei em 28 de novembro de 1982, logo depois de ter erigido a Obra em Prelazia Pessoal, e sagrou-o Bispo no dia 6 de janeiro de 1991.

D. Álvaro del Portillo foi durante muitos anos assessor e colaborador de diversos órgãos da Santa

Ilustre Claustro desta Universidade,
Senhoras e Senhores:

A nota habitual na vida da Universidade de Navarra tem sido uma serena e
íntima alegria, característica que nunca

Sé. Na fase preparatória do Concílio Vaticano II, foi
Presidente da Comissão Antepreparatória para o
Laicado, e durante o Concílio Secretário da Comissão sobre a Disciplina do Clero e do Povo Cristão.
Em 1963, foi nomeado por São João XXIII Consultor da Comissão Pontifícia para a revisão do Código
de Direito Canônico; em 1966, o Bem-aventurado
Paulo VI nomeou-o Consultor da Sagrada Congregação para a Doutrina da Fé e da Sagrada Congregação para o Clero, e em 1982 São João Paulo II
designou-o Consultor da Sagrada Congregação para
as Causas dos Santos. Foi também Grão-Chanceler
das Universidades de Navarra (Espanha), de Piúra
(Peru) e de La Sabana (Colômbia).

Este discurso foi pronunciado na Universidade
de Navarra no dia 12 de junho de 1976, numa cerimônia acadêmica em homenagem à memória de
Mons. Escrivá, seu primeiro Grão-Chanceler, e publicado em *En memoria de Mons. Josemaría Escrivá de
Balaguer*, EUNSA, Pamplona, 1976, págs. 15-60.

faltou nas suas diversas solenidades. Essa alegria e esse júbilo procediam do espírito que lhe infundiu o seu fundador e primeiro Grão-Chanceler. A sua fé generosa e a sua esperança alegre alentaram todos os passos, incipientes ou maduros, desta Universidade. A proximidade de Mons. Escrivá, cheia de viva caridade, imprimia à seriedade protocolar da praxe acadêmica a suavidade do seu carinho, o tom cálido da sua cordial predileção pela vossa tarefa, eminente servidora da Verdade. Entretanto, o seu olhar vos instava a orientar para o bem supremo de todos os homens os afazeres diários. A sua presença era festa. Mas uma festa que trazia por fundo o ritmo e a luz das obras de Deus, e não apenas o colorido do ato brilhante.

Com efeito, todos são testemunhas de como esse seu afeto nos abria a alma a um contentamento que também se traduzia numa amável manifestação exterior, nesse ambiente familiarmente festivo. O Senhor havia-lhe dilatado o coração a tal ponto que os que o conheceram e com ele se relacionaram de perto, bem podiam chamá-lo Padre, como nós que, por vocação para a Obra, somos realmente filhos da sua oração e da sua mortificação. Ao honrarmos agora a sua memória, o cumprimento deste dever de estrita justiça reveste-se também, a despeito da dor, de uma paz inquebrantável. É que a dor da separação material se mescla com a funda alegria que brota, tanto da firme persuasão de que o Padre está gozando de Deus no Céu, como da certeza de que continua desvelando-se por nós, e agora em grau muitíssimo mais elevado, com uma eficácia maior ainda do que quando nos alentava com a sua presença física. A promessa divina recorda-nos hoje com especiais ressonâncias aquelas palavras do Senhor: *Etiam si mortuus fuerit vivet. Et omnis qui vivit et credit in me non morietur in aeternum*[2]. O nosso santo Fundador creu com amor imenso e, por

---

2 "Mesmo que esteja morto, viverá; e quem vive e crê em Mim não morrerá eternamente" (cf. Jo 11, 25; N. do T.).

isso, vive e viverá eternamente. É o que nos havia pregado tantas vezes: para uma alma fiel, a morte não significa senão mudar de casa. Convicção ditosa, portanto, que nos confirma que o Padre continua e continuará conosco para sempre.

Facilmente compreenderão que, embora fale no âmbito formal deste solene ato universitário a que presido como Grão-Chanceler, não posso esquecer que esta cerimônia tem por impulso a gratidão e por motivo honrar a memória do santo Fundador do Opus Dei e desta Universidade. Por isso, não é de estranhar que as minhas palavras deixem transparecer os sentimentos de um filho que passou muito tempo junto do Padre. Para mim, tanto seria impossível não patentear o meu amor filial, o meu imenso reconhecimento, como evitar que se manifestasse o rasto divino que a sua vida me meteu na alma. Não sei falar de Mons. Escrivá — e é com orgulho que o digo — sem que a veneração e o afeto mais profundos reflitam, nas minhas conversas, o amor de um filho, a quem a misericórdia providente do nosso Deus quis situar durante tantos anos a seu lado, outorgando-me o dom precioso de conhecê-lo, de escutá-lo, de sentir o seu imenso carinho e os seus desvelos de bom pastor. Mas, acima de tudo, agradeço o ter sido — queira Deus que com muito proveito para a minha alma! — testemunha habitual da sua santidade, do amor apaixonado e heroico pelas coisas de Deus que, de maneira firme e assídua, animou toda a sua existência num contínuo *crescendo*.

Os condicionamentos que sugerem a formalidade de um discurso acadêmico não podem impedir que transpareçam as disposições da minha alma: um movimento de pesar, porque a separação física do Padre foi algo de muito penoso, que me afligiu de modo indizível; e simultaneamente uma emoção de continuada confiança em Deus, provocada por três motivos: porque o Senhor assim o determinou, e a sua Vontade é sempre amabilíssima; porque o nosso santo Fundador goza já — *facie ad faciem* — da visão de Deus; e porque — insisto — nos está ajudando a todos, inclusive com mais eficácia do que antes.

O carinho e a compreensão de todos os presentes me animam a não reprimir a expressão destes sentimentos muito íntimos. Considero também que, para cumprir o dever filial de lhes transmitir alguns rasgos da vida santa do Padre, esta inevitável prioridade do coração é a linguagem mais eloquente: *amor notitia est*[3], diziam os antigos. Só o *amor*, que dá agudeza à fé, consegue fazer com que a inteligência humana penetre os pormenores grandes e pequenos da providencial intervenção de Deus na história e nos afazeres dos homens.

A biografia inteira de Mons. Escrivá só se pode explicar e entender no âmbito de um desígnio divino que, atravessando toda a sua existência, o configura como

---

3 "O amor é conhecimento" (N. do T.).

instrumento de Deus, escolhido precisamente para lembrar à Humanidade aquilo que Deus lhe foi gravando na própria alma de um modo inequívoco. A convicção profunda que o Espírito Santo imprimiu no coração do Padre, raiz fecunda de toda a sua mensagem espiritual, é esta: buscar a santidade pessoal no meio do mundo. Escutemos as suas próprias palavras: "Todos os homens são amados por Deus, de todos eles espera amor; de todos, sejam quais forem as suas condições pessoais, a sua posição social, a sua profissão ou ofício. A vida cotidiana não é coisa de pouco valor; todos os caminhos da terra podem ser ocasião de um encontro com Cristo, que nos chama à identificação com Ele para realizarmos — no lugar onde estivermos — a sua missão divina. [...] Cada situação humana é irrepetível, fruto de uma vocação única que se deve viver com intensidade, realizando nela o espírito de Cristo. Deste modo, vivendo cristãmente entre os nossos iguais, de uma maneira normal mas coerente com a nossa fé, seremos *Cristo presente entre os homens*"[4].

I. O padre, instrumento de Deus

Duas convicções profundíssimas enquadram a personalidade humana e sobrenatural de Mons. Escrivá: uma renovada e verdadeira humildade — a consciência plena de que todos os dons vêm de Deus — e, ao mesmo tempo, uma percepção clara da sua vocação, da sua chamada divina, que — começando a insinuar-se-lhe na alma aos quinze ou dezesseis anos — se torna para ele patente a 2 de outubro de 1928, depois de passar muitos anos respondendo ao Senhor: *Ecce ego, quia vocasti me*, aqui me tens, porque me chamaste (1 Rs 3, 6). Entretanto, vibrava-lhe na alma, imperativamente, aquele grito de Jesus: *Ignem verti mittere in terram, et*

---

4 Josemaria Escrivá, *É Cristo que passa*, 4ª ed., Quadrante, São Paulo, 2014, n. 110 e 112.

quid volo nisi ut accendatur! (Lc 12, 49)[5]. Este clamor divino — que um irreprimível amor a Deus o levava a repetir, mesmo cantando, com impaciência santa — chegaria a encontrar eco numa multidão de corações em todas as latitudes da terra.

A sua humildade cheia de amor

"Sou um pecador que ama a Jesus Cristo", dizia o Padre com uma expressão cheia de sinceridade, que punha de manifesto a funda desestima que tinha por si mesmo. Esta consciência da sua condição de instrumento estava tão longe da soberba como de uma falsa humildade, inconciliável com o seu reto entendimento da dignidade do homem. Rechaçava essa falsa humildade que denominava "humildade de fachada", caricatura ridícula da virtude. Por isso, costumava repetir, levado pelo seu realista sentido teológico, que não concedia nenhum

---

5 "Vim trazer fogo à terra, e que quero senão que arda?" (N. do T.).

crédito a uma concepção que apresentasse a humildade como apoucamento humano ou como perpétua condenação à tristeza: "Se aceitamos a nossa responsabilidade de filhos de Deus, devemos ter em conta que Ele nos quer muito humanos. Que a cabeça toque o céu, mas os pés assentem com toda a firmeza na terra. O preço de vivermos cristãmente não é nem deixarmos de ser homens nem abdicarmos do esforço por adquirir essas virtudes..."[6]

Ao ler estas palavras do Padre, não posso deixar de testemunhar o heroísmo com que ele praticou, até o último dia da sua passagem pela terra, esta exigência de cultivar e desenvolver as virtudes, consciente de que era apenas um instrumento. Parece-me estar a ouvir a sua voz que, com convicta persuasão, repetia tantas vezes a mesma coisa: "Não tenho nada, não valho nada, não posso nada, não sei nada, não sou nada: nada!": confiava tudo a Deus,

---

6 Josemaria Escrivá, *Amigos de Deus*, 6ª ed., Quadrante, São Paulo, 2024, n. 75.

amado como um Pai boníssimo. Mas também não esquecia o dever, que a todos nos incumbe, de nos prepararmos para ser melhores instrumentos nas mãos deste nosso Deus amabilíssimo, que se dignou escolher-nos como cooperadores livres da sua obra redentora.

Instrumento de Deus, só instrumento de Deus: vale a pena salientar este convencimento do Padre, quando falamos da sua humildade, porque a lembrança do ensinamento paulino sobre este ponto esteve sempre presente na sua pregação: *"Deus escolheu os fracos do mundo para confundir os fortes; e o que no mundo é vil e desprezado, o que não é, Deus escolheu para reduzir a nada o que é, a fim de que nenhuma criatura se possa vangloriar na sua presença* (1 Cor 1, 27-28). Portanto, filhas e filhos meus, quando vos parecer que trabalhastes muito a serviço do Senhor, repeti as palavras que Ele próprio nos ensinou: *Servi inutiles sumus: quod debuimus facere, fecimus* (Lc 17, 10): somos servos inúteis; não fizemos senão o que tínhamos obrigação de fazer".

Não há três anos ainda, perante o espetáculo lamentável da crise de obediência que não poucos católicos ofereciam, voltava a insistir: "Especialmente nas coisas de Deus, quando se tem consciência clara de se estar trabalhando num empreendimento sobrenatural, torna-se espontâneo — natural e nada humilhante — sentir-se um instrumento e pôr todo o empenho em seguir as moções divinas, evitando fazer a vontade própria. Como escrevia nos primeiros anos, somos o que é o pincel nas mãos do artista".

Pôr todo o empenho em seguir as moções divinas, como acabo de ler. E para esse esforço generoso convergiram durante mais de dez lustros a humildade e o amor do nosso Padre: "Passados cinquenta anos" — dizia-nos na véspera do aniversário da sua ordenação sacerdotal, a 27 de março de 1975 —, "sinto-me como uma criança que balbucia: estou começando, recomeçando, como na minha luta interior de cada jornada. E assim, até o fim dos dias que me restem: sempre recomeçando.

O Senhor assim o quer, para que em nenhum de nós haja motivos de soberba nem de néscia vaidade. Temos de viver pendentes dEle, dos seus lábios: com o ouvido atento, com a vontade tensa, disposta a seguir as divinas inspirações".

Na verdade, amor e humildade eram, na vida santa do nosso Padre, duas constantes que lhe comunicavam à oração e à ação apostólica uma audácia *filial*. Daí a consequência prática que era esse contínuo começar e recomeçar na vida interior. Uma vida que, assim, percorre o itinerário do filho pródigo, sempre voltando e voltando — com inteira confiança — à misericórdia de Deus Pai. É assim que o instrumento há de dar toda a glória a Deus: *Deo omnis gloria!* "Toda a glória para Deus!", repetia constantemente. Eis o magnífico horizonte que se abre ao instrumento que se sabe nada e para quem Deus tudo será.

"Não reparastes nas famílias, quando conservam uma peça decorativa de valor e frágil — um jarrão, por exemplo —, como cuidam dele para que não se quebre? Até que um dia a criança, brincando, o joga ao chão; e aquela recordação maravilhosa quebra-se em vários pedaços. O desgosto é grande, mas imediatamente vem o conserto; recompõe-se, cola-se cuidadosamente e, uma vez restaurado, acaba ficando tão belo como antes.

"Mas quando o objeto é de louça ou simplesmente de barro cozido, geralmente bastam uns grampos, esses arames de ferro ou de outro metal, que mantêm unidos os pedaços. E a peça, assim reparada, adquire um encanto original.

"Transponhamos isto para a vida interior. À vista das nossas misérias e dos nossos pecados, dos nossos erros — ainda que, pela graça divina, sejam de pouca monta —, corramos à oração e digamos ao nosso Pai: «Senhor, na minha pobreza, na minha fragilidade, neste meu barro de vaso quebrado, Senhor, coloca-me uns grampos e — com a minha dor e com o teu perdão — serei mais forte e mais agradável à vista que antes!» Uma oração consoladora, para que a repitamos quando este nosso pobre barro se quebrar.

"Não nos há de impressionar sermos quebradiços, não nos há de chocar verificarmos que a nossa conduta se quebranta por menos que nada. Confiai no Senhor, que sempre tem preparado o auxílio: *O Senhor é a minha luz e a minha salvação, a quem temerei? (Sl 26, l)*"[7].

À vista desta convicção, feita carne da sua carne, que bem se entende aquele seu ensinamento de que a fraqueza humana nem nos deve assustar, nem representa jamais um obstáculo à santidade. Pelo contrário, determina o ponto de partida para sairmos ao encontro de Deus. "Convencei-vos disto, meus filhos: aqui — nesta vida — tudo tem conserto!": era uma ideia-mestra que costumava inculcar, para enraizar a nossa fraqueza na mais firme esperança. Esse "conserto" que tudo tem nesta vida é, para o Padre, o perdão que

---

7 *Idem*, n. 95.

Deus nos oferece sempre no Sacramento da Penitência. Por isso se compreende muito bem — à luz dessa convicção profunda do seu nada e da sua confiança total em Deus — que uma peça-chave de toda a sua vida sacerdotal tenha sido aproximar as almas do Sacramento da Penitência e educá-las na mais plena sinceridade. "Aqui tudo tem conserto"; é como dizer que "o único e verdadeiro desconserto" é o pecado, e que, para esta ruptura — que as forças humanas não podem reparar —, a misericórdia de Deus ofereceu um remédio.

É comovente recordar também as palavras de uma meditação que dirigia ao seus filhos: "Vós me ajudareis a dar graças ao Senhor e a pedir-lhe que, por grandes que sejam as minhas fraquezas e as minhas misérias, não arrefeça nunca a confiança e o amor que lhe tenho, o trato fácil com o Pai e com o Filho e com o Espírito Santo. Que se me note — sem singularidades, não só por fora, mas também por dentro —, e que não perca essa luz, essa convicção de que sou um pobre homem: *pauper servus et humilis!* Sempre o tenho sido: desde o primeiro até o último instante da minha vida, precisarei da misericórdia de Deus".

Outras vezes exclamava, na intimidade da sua oração, ou escapava-lhe da boca, no fim do dia, quando revia diante do Senhor a sua jornada de amor e de trabalho: "Senhor: Josemaria não está contente com Josemaria!" O seu amor imenso sempre lhe exigia mais: "Neste caminho do Amor que é a nossa vida, tudo fazemos por Amor, com um Amor que os nossos erros pessoais não debilitam. Por Ele, com Ele, para Ele e para as almas vivo eu. Do seu Amor e para o seu Amor vivo eu, apesar das minhas misérias pessoais. E apesar dessas misérias, talvez por causa delas, é o meu Amor um amor que todos os dias se renova".

Entrega sem condições

Dizia antes que se dão no Padre duas convicções profundíssimas que enquadram a sua vida e delineiam o seu perfil humano e sobrenatural. Acabo de me referir à sua humildade cheia de amor, comentando essas palavras que aplicava à sua pessoa: "Sou um pecador que ama a Jesus Cristo". Agora vou-me deter no que definiria como outra constante da sua personalidade: o profundo sentido da sua vocação, que lhe conferiu a toda a existência o caráter de entrega plena e total ao amor e ao querer de Deus.

"Sou um sacerdote que não fala senão de Deus". Esta norma de conduta do Fundador do Opus Dei, que tive ocasião de referir ao prefaciar um livro do Padre, julgo que reflete adequadamente a sua dedicação sem restrições: a plenitude de uma correspondência que não admitiu vacilação na firmeza nem diminuição na generosidade; a riqueza de uma entrega que foi, sempre e em tudo, absoluta, sem condições.

Nem por um só instante duvidou o Padre da sua vocação, e sempre ensinou os seus filhos a considerarem como um tesouro esse chamado pessoal de Deus. Seguiu com a mais completa adesão a vontade divina desde o primeiro instante em que teve consciência do querer de Deus. "Eu" — assim nos lembrava poucos meses antes de ir para o Céu, abrindo-nos o coração com humildade — "tenho que agradecer a Deus o não ter duvidado nunca da minha vocação nem da divindade da minha vocação... Nenhum de nós tem o direito, aconteça o que acontecer, de duvidar do seu chamado divino: há uma luz de Deus, há uma força interior dada gratuitamente pelo Senhor, que quer que junto da sua Onipotência esteja a nossa fraqueza; junto da sua luz, as trevas da nossa pobre natureza".

Uns anos antes, tinha-nos manifestado também a inteireza dessa convicção, que sustentava com firmeza e que informava totalmente a sua dedicação: "Não posso deixar de levantar a alma agradecida ao Senhor, de quem procede toda a paternidade, toda a família, nos céus e na terra (Ef 3, 15-16), por me ter dado esta paternidade espiritual que, com a sua graça, assumi com toda a plena consciência de estar na terra exclusivamente para realizá-la. Por isso, eu vos amo com coração de pai e de mãe".

Desta firmíssima persuasão brotava a sua fidelidade a uma contínua e infatigável dedicação ao labor apostólico. "Falar de Deus, aproximar os homens do Senhor, assim o vi desde que o conheci em 1935": foi o comentário que fiz ao apresentar a primeira edição das Homilias do Padre; e é novamente um grato dever filial que agora me obriga a insistir sobre a sua preocupação constante de cumprir fidelissimamente o querer de Deus.

Quando o Padre era mais jovem, ouvi-o dizer com muitíssima frequência que nós, seus filhos e filhas, devíamos descansar. Ocupava-se dos outros e não concedia a menor atenção à sua pessoa. À constante ação apostólica unia o pensamento permanente sobre o que o Senhor lhe pedia, procurando trilhas concretas e modos determinados para realizar com exatidão, amorosamente, a Vontade de Deus. E punha tanta intensidade nessa atividade exterior e interior, que num gesto quase habitual levava ambas as mãos à cabeça e exclamava: "Parece-me que é como se me fosse estalar". Sugeríamos-lhe que para todos era indispensável um intervalo no trabalho — com uma atividade menos premente —, mas o nosso Padre respondia: "Fá-lo-ei quando me disserem *requiescat in pace*". Depois, passados os anos, referia-se a essa sua reação como uma imprudência juvenil que os seus filhos não deviam imitar. Mas, na verdade — nessa altura como antes —, o seu pensamento ocupava-se sempre em levar a cabo a vontade de Deus, e o seu repouso consistia em transformar em vida sua o que dizia a Deus com esta jaculatória: "Senhor, descanso em Ti!"

II. A fundação do Opus Dei

Cumprir a vontade de Deus. Só sob este prisma sobrenatural se entende o Opus Dei e a vida do seu santo Fundador, porque realmente a biografia de Mons. Escrivá e a história da Obra, durante os quarenta e sete anos da sua etapa fundacional, constituem uma unidade indissolúvel.

Àqueles que estavam a seu lado nos primeiros anos, para explicar o espírito sobrenatural que anima a Instituição, repetia, com palavras que desejava ficassem gravadas a fogo nas suas almas: "A Obra de Deus vem cumprir a Vontade de Deus. Portanto, tende uma profunda convicção de que o Céu está empenhado em que se realize".

Firmemente persuadido estava o Padre dessa realidade e firmemente persuadidos estávamos nós também da veracidade da sua afirmação transcendental, que tinha por garantia — além da convicção pessoal desse impulso divino que nos levava a entregar-nos — a certeza da heroica retidão de intenção do Padre.

Utilizando em boa parte os seus comentários — que eu lhe ouvi em ocasiões diversas, embora aqui os apresente como que alinhavados num único relato —, passo a explicar a grandes traços esse processo sobrenatural que, no arcano dos seus desígnios divinos, Nosso Senhor encetou na alma do Padre sendo ele muito moço, e que culmina naquele 2 de outubro de 1928.

Os vislumbres do querer de Deus

Nunca tinha passado pela cabeça do Padre fundar fosse o que fosse, abrir entre os homens um caminho para chegar a Deus. Depois, passados os anos, o Senhor lhe mostraria como o havia levado sempre pela mão.

"Fez-me nascer" — são palavras dele — "num lar cristão como costumam ser os do meu país, de pais exemplares que praticavam e viviam a sua fé, dando-me uma liberdade muito grande desde pequeno e vigiando-me ao mesmo tempo com atenção. Procuravam dar-me uma formação cristã... Tudo normal, tudo correntio, e passavam os anos. Eu nunca pensei em fazer-me sacerdote, nunca pensei em dedicar-me a Deus. Não me tinha aparecido o problema, porque julgava que isso não era para mim. Mais ainda: incomodava-me o pensamento de algum dia poder chegar ao sacerdócio. Amava muito os sacerdotes, porque a educação que recebi em minha casa era profundamente religiosa; tinham-me ensinado a respeitar e a venerar o sacerdócio, mas essa vocação não era para mim; estava convencido de que era para outros. Mas o Senhor ia preparando o terreno, ia-me dando uma graça após outra, passando por alto os meus defeitos, os meus erros de criança, os meus erros de adolescente.

"Pouco tempo depois vieram as primeiras manifestações do Senhor: aquele vislumbrar que queria qualquer coisa de mim. O Senhor foi-me preparando a meu pesar, com episódios aparentemente inocentes, de que se valia para me despertar na alma uma sede insaciável de Deus. Acodem ao meu pensamento tantas manifestações do Amor de Deus naqueles anos da minha adolescência, quando tinha vislumbres de que o Senhor queria alguma coisa de mim, alguma coisa que eu não sabia o que era. Acontecimentos e pormenores comuns — aparentemente inocentes, como vos dizia —, de que Ele se valia para meter na minha alma essa inquietação divina. Por isso compreendi muito bem aquele amor tão humano e tão divino de Teresa do Menino Jesus, que se comove quando por entre as páginas de um livro vê assomar uma estampa com a mão ferida do Redentor. Comigo também aconteceram coisas semelhantes, que me sacudiram e me levaram à comunhão diária, à purificação, à confissão e à penitência.

"Tinha eu catorze ou quinze anos quando comecei a vislumbrar o Amor, a descobrir que o coração me pedia algo de grande e que fosse Amor. Entendi com clareza que Deus queria alguma coisa, mas — insisto — não sabia o que era. Por isso falei com meu pai, dizendo-lhe que decidira ser sacerdote. Foi a única vez que lhe vi lágrimas nos olhos. Respondeu-me: «Olha, filho, esse programa é um ideal muito sério, que exige heroicidade e renúncia, a determinação de procurar a santidade; e — pensa bem nisso —, se não é para seres um sacerdote santo, por que queres sê-lo? Mas não me oporei ao que desejas». E apresentou-me a um sacerdote amigo dele, para me orientar.

"Aquilo não era o que Deus me pedia, e eu me apercebia disso: não queria ser sacerdote para ser sacerdote". "Por que me lancei por esse caminho?", explicava em certa ocasião; "porque pensei que assim seria mais fácil cumprir uma vontade de Deus que não conhecia... Eu a vislumbrava, mas não sabia o que era, e não o soube até 1928. E eu, meio cego, sempre esperando o porquê: por que me faço sacerdote? O Senhor quer alguma coisa, o que é? E, tomando as palavras do cego de Jericó, repetia: *Domine, ut videam! Ut sit! Ut sit!*[8] Que seja isso que Tu queres e que eu ignoro. Eu não sabia o que Deus queria de mim, mas era — evidentemente — uma eleição. Fosse o que fosse, um dia havia de chegar... De passagem, percebia que eu não servia para nada, e compunha essa ladainha que não é de falsa humildade, mas

---

8 "Senhor, que eu veja! Que seja! Que seja!" (N. do T.).

de conhecimento próprio: não valho nada, não tenho nada, não posso nada, não sou nada, não sei nada".

A propósito dessas jaculatórias — *Domine ut sit! Domine, ut videam!* —, recordo perfeitamente um episódio — tão inocente e tão de Deus como os daqueles anos dos vislumbres divinos — de que o Padre foi protagonista involuntário. Muitos anos depois da fundação da Obra, estando já em Roma, levaram-lhe uma imagem de Nossa Senhora do Pilar que o nosso Fundador havia comprado em Zaragoza. Não se lembrava de que era dele, mas mostraram-lhe a imagem e por baixo, na base, gravada no gesso, havia uma frase escrita por ele com um prego: *Domina, ut sit!* Não faltava o ponto de admiração, que costumava acrescentar sempre nas jaculatórias que escrevia. E a seguir uma data: 24-IX-1924.

Em 1974, numa daquelas tertúlias que teve quando das suas correrias apostólicas pela América, essa cena, passada em Roma tempos antes, veio-lhe à lembrança — sempre a recordava com alegria —; e outra vez o Padre se referiu a ela, porque era como que uma prova material de que a sua imaginação não o atraiçoava; uma prova de que a sua oração tinha sido efetivamente constante e indefectível, já muitos anos antes da fundação do Opus Dei. E confessava: "Muitas vezes, meus filhos, o Senhor me humilha. Assim como com frequência me dá luz abundante, em outros momentos tira-ma, para eu não ter em mim nenhuma segurança. Então vem e me oferece uma dedada de mel. Desses vislumbres, tinha-vos falado com relativa frequência, se bem que às vezes pensava: Josemaria, não serás um embusteiro, um mentiroso? Porque a tua oração foi bem curta... Aquela imagem era a materialização da minha oração de anos, do que vos tinha contado tantas vezes".

Também nos consta que, de vez em quando, os vislumbres do Padre se exprimiam com aquela exclamação do Mestre a que já me referi: *Ignem verti mittere in terram, et quid volo nisi ut accendatur!* Era tão forte a moção divina que a voz não lhe bastava, a alma rompia-lhe a cantar; e, como resposta ao grito de Cristo, o Padre fazia sua aquela resposta do Profeta, quando se sentia chamado por Deus: *Ecce ego, quia vocasti me!* [9]

Instado por essa Vontade divina, o Padre começou os seus estudos sacerdotais, que realizou na Universidade Pontifícia de Zaragoza.

Anteriormente, já o Senhor permitira que surgissem muitas dificuldades, penas e contradições no lar de seus pais, todas elas encaradas e abraçadas com exemplaridade cristã. Ao contemplar a aflição das pessoas queridas, aqueles sofrimentos caíam com a força intensa da dor na alma do Padre, que não se furtava à prova, embora desejasse que passasse; encarava Deus filialmente, dizendo-lhe: "Senhor, eu não sou um instrumento idôneo: e, para o ser, sempre fazes sofrer as pessoas que mais estimo: dás uma martelada no cravo — perdoa-me, Deus! — e cem na ferradura!"

---

9 "Aqui estou porque me chamaste!" (N. do T.).

Enquanto proferia essa queixa filial, e sempre ao longo da sua vida, contemplava a mão de Deus por detrás de cada acontecimento. Esta visão sobrenatural levava-o a erguer o coração numa contínua ação de graças ao Senhor, precisamente por esse labor prévio com que lhe ia preparando a alma: "Deus Nosso Senhor, daquela pobre criatura que não se deixava trabalhar, queria fazer a primeira pedra desta nova arca da aliança, à qual chegaria gente de muitas regiões, de muitas raças, de todas as línguas. Era preciso triturar-me, assim como se esmaga o trigo para preparar a farinha e poder fazer o pão; por isso o Senhor me sacudia naquilo que eu mais amava... Obrigado, Senhor! Eram machadadas que Deus Nosso Senhor dava para arrancar — dessa árvore — a viga que, apesar da sua própria debilidade, havia de servir para fazer a sua Obra. Eu, quase sem o perceber, repetia: *Domine, ut videam! Domine, ut sit!* Não sabia o que era, mas continuava em frente, em frente, com a minha pobre correspondência à bondade de Deus, esperando o que mais tarde havia de receber: uma coleção de graças, uma atrás da outra, que não sabia como qualificar e que chamava operativas, porque de tal maneira dominavam a minha vontade que quase não tinha que fazer esforço. Ia adiante, sem coisas estranhas, trabalhando apenas com meia intensidade... Foram os anos de Zaragoza".

Permaneceu o Padre nessa cidade enquanto realizava os seus estudos sacerdotais. Foi avançando o tempo — tempo de oração, de mortificação, de trabalho —, até que recebeu as ordens maiores. Durante essa época, ocupou um cargo de Superior do Seminário. O presbiterado celebrou-se na igreja do Seminário de São Carlos, a 28 de março de 1925. Desde esse dia, o Padre começou a renovar *in persona Christi* o Sacrifício do Calvário. Continuava com o coração alerta perante o chamado de Deus, perante os vislumbres que ainda não se tinham clareado de todo. Posteriormente, depois de ter exercido o seu ministério na Arquidiocese de Zaragoza, mudou-se para Madri com a família.

Os sinos de Nossa Senhora dos Anjos

Nesta cidade, em 1928, depois de onze anos de espera ardente pela manifestação concreta do querer de Deus — repito: anos de estudo, de oração e de muito sofrimento —, o Padre viu com clareza o que Nosso Senhor lhe pedia. Era o dia 2 de outubro, festa dos Santos Anjos da Guarda. Foi nessa manhã que o Opus Dei veio ao mundo. Ressoavam pelos ares os sinos da paróquia próxima de Nossa Senhora dos Anjos, pela festa da sua Padroeira. E o Padre, enquanto subia ao Céu o repicar gozoso daqueles sinos — "nunca deixaram de soar-me aos ouvidos", ouvi-o eu dizer com muita frequência —, recebeu no coração e na alma a boa semente: o Semeador Divino, Jesus, tinha-a por fim lançado de modo claro e contundente. Compreendeu que o trabalho ordinário, dentro dos afazeres do mundo, era caminho para os homens se encontrarem com Deus. Desde o dia 2 de outubro de 1928, o Padre teve boas razões para manter a firmíssima convicção de que o Opus Dei era do Senhor: que nascia e iria desenvolver-se de modo divino. Não obstante, ou melhor, precisamente por essa fé, para purificar mais ainda a intenção, em duas ocasiões — uma, enquanto fazia um retiro espiritual; outra, em La Granja, perto de Segóvia —, o nosso Fundador elevou a Deus esta oração: "Se a Obra não é para Te servir, destrói-a!" E sabemos que, nessas duas ocasiões, o Senhor correspondeu generosamente à oração do Padre, inundando-lhe o coração de uma profunda paz.

Bem gravado lhe havia ficado na alma aquele lema que informou a sua vida inteira: "ocultar-se e desaparecer". Por isso, ao contemplar finalmente o que o Senhor queria, não se poupou a esforços para não aparecer como Fundador. Recordando aqueles momentos da Fundação e os primeiros anos do empreendimento, o Padre escreveu: "O Senhor tratou-me como uma criança: se, quando recebi a minha missão, tivesse chegado a aperceber-me do que estava para cair-me em cima, teria morrido. Não me interessava ser fundador de nada. Pelo que se referia à minha pessoa e ao meu trabalho, sempre fui inimigo de novas fundações. Porque todas as antigas fundações, tal como as dos séculos imediatos, me pareciam atuais. Decerto que a nossa Obra — a Obra de Deus — surgia para fazer renascer uma nova e velha espiritualidade de almas contemplativas, no meio de todos os afazeres temporais, santificando todas as tarefas ordinárias desta terra: pondo Jesus Cristo no cume de todas as realidades honestas em que os homens estão comprometidos, e amando este mundo, que fugia do Criador.

"O Senhor, que brinca com as almas como um pai com seus filhos pequenos — *ludens coram eo omni tempore, ludens in orbe terrarum* (Pr 8, 30); brincando em todos os tempos, brincando por toda a redondeza da terra —, vendo nos começos a minha relutância, e aquele meu trabalho entusiasta e débil ao mesmo tempo, permitiu que eu tivesse a aparente humildade de pensar — sem nenhum fundamento — que podia haver no mundo instituições que não se diferenciassem do que Deus me havia pedido. Era uma covardia pouco razoável, a covardia do comodismo, e simultaneamente, meus filhos, uma confirmação de que não me interessava ser fundador de nada. Com essa repugnância por ser fundador, apesar de contar com abundantes motivos de certeza para fundar a Obra, resisti quanto pude: sirva-me de desculpa, diante de Deus Nosso Senhor, o fato real de que, desde 2 de outubro de 1928, no meio dessa minha luta interna, me esforcei por cumprir a Santa Vontade de Deus, iniciando o labor apostólico: do Opus Dei. Passaram uns anos; e vejo agora que talvez o Senhor tenha permitido que eu padecesse na altura essa completa repugnância para que tenha sempre mais uma prova externa de que tudo é dEle e nada meu".

O trabalho dos começos

Embora não gostasse de ser fundador, porque lhe parecia mais eficaz para a sua alma ser soldado raso do que promover novas fundações, decidiu acima de tudo cumprir a Vontade de Deus. Começou a realizar o que o Senhor lhe havia indicado, e ao mesmo tempo procurava associações em que se vivesse "aquilo" que o Senhor queria, no intuito de se oferecer a Deus numa dessas instituições. Nosso Senhor, com carícias de Pai e com exigências também de Pai, ia-lhe demonstrando que era inútil essa busca. O empreendimento sobrenatural que lhe havia confiado não coincidia com nenhuma das atividades já existentes: ou se tratava de simples associações de fiéis, cujo fim primordial não era, nem de longe, o que Deus havia marcado ao nosso Fundador; ou o espírito, a mentalidade e a forma de agir se assemelhavam à vida dos religiosos; ou eram, finalmente, sociedades secretas; e nenhuma delas se propunha a santificação e o apostolado por meio do trabalho profissional.

O Padre começou o trabalho apostólico da Obra com uma intensidade, com uma fé e com uma carência de meios tão grande, que realmente se pode asseverar que o Opus Dei se foi fazendo ao ritmo da sua oração intensa e da sua mortificação contínua; e só se explica a sua existência e expansão como fruto de um querer divino. Com esta convicção é que o Padre nos dizia: "A partir desse momento — 2 de outubro de 1928 —, já não tive tranquilidade nenhuma, e comecei a trabalhar, com pouca vontade, porque resistia a meter-me a fundar fosse o que fosse; mas comecei a trabalhar, a mexer-me, a fazer: a colocar os alicerces.

"Pus-me a trabalhar, e não era fácil: as almas escapavam como escapam as enguias na água. Além disso, havia a incompreensão mais brutal: porque o que hoje é doutrina comum no mundo, então não o era. E se alguém afirma o contrário, desconhece a verdade.

"Tinha eu vinte e seis anos, a graça de Deus e bom humor: e mais nada. Mas assim como nós, os homens, escrevemos com a caneta, o Senhor escreve com a perna da mesa, para que se veja que é Ele quem escreve: isso é o incrível, isso é o maravilhoso. Era preciso criar toda a doutrina teológica e ascética, e toda a doutrina jurídica. Encontrei-me perante uma solução de continuidade de séculos: não havia nada. A Obra inteira, aos olhos humanos, era um enorme disparate. Por isso alguns diziam que eu estava louco e que era um herege, e muitas coisas mais.

"Além disso, o Senhor arranjou as coisas para que eu não contasse com um centavo sequer, de modo que também assim se visse que era Ele".

Para vencer todas essas dificuldades, o Padre valia-se, em primeiro lugar, dos recursos sobrenaturais: da intercessão de Nossa Senhora, de São José, dos Anjos da Guarda, do tesouro que é a oração das crianças e dos doentes. E, com essa preparação, lançava-se a um trabalho sacerdotal intenso, sem se dar a descanso, porque o fogo de Deus o consumia.

"Que recursos utilizei? Fui buscar fortaleza nos bairros mais pobres de Madri. Horas e horas por toda a parte, todos os dias, a pé, de um lado para outro, entre pobres envergonhados e pobres miseráveis, que não tinham nada de nada; entre crianças abandonadas, sujas, mas crianças, o que quer dizer almas agradáveis a Deus. Foram muitas horas naquele trabalho; agora só sinto pena de que não tenham sido mais. E nos hospitais, e nas casas onde havia doentes, se se pode chamar casas àqueles tugúrios... Eram gente desamparada e doente: alguns, com uma doença que então era incurável, a tuberculose.

"De modo que fui buscar os meios para fazer a Obra de Deus em todos esses lugares. Entretanto, trabalhava e formava os primeiros que tinha à minha volta.

"Foram anos intensos, em que o Opus Dei crescia para dentro sem o percebermos... A fortaleza humana da Obra foram os doentes dos hospitais de Madri; e também os mais miseráveis, os que viviam em seus barracos, perdida até a última esperança humana; os mais ignorantes daqueles bairros extremos. Estas são as ambições do Opus Dei, os meios humanos que empregamos: doentes miseráveis, pobres abandonados, crianças sem família e sem cultura, lares sem fogo e sem calor e sem amor. E formar os primeiros que apareciam, falando-lhes com uma certeza completa de que tudo se faria, como se já estivesse feito.

"E depois, Deus nos levou pelos caminhos da nossa vida interior. Que pode fazer uma criatura que deve cumprir uma missão, se não tem meios, nem idade, nem ciência, nem virtudes, nem nada? Ir ter com sua mãe e seu pai, recorrer aos que podem alguma coisa, pedir ajuda aos amigos. Foi o que eu fiz na vida espiritual. Mas, isso sim, a golpe de disciplinas — de expiação, de penitência —, marcando o compasso. O que é que eu procurava? *Cor Mariae dulcissimum, iter para tutum!* [10] Procurava o poder da Mãe de Deus, como um filho pequeno, seguindo por caminhos de infância. E recorria a São José, meu Pai e Senhor...; e à intercessão

---

10 "Coração Dulcíssimo de Maria, preparai um caminho seguro" (N. do T.).

dos Santos...; e à devoção aos Santos Anjos da Guarda".

A expansão apostólica

O Opus Dei teve desde o início índole universal, católica: estava destinado a estender-se em todos os sentidos da terra e a chegar a homens de todas as classes e condições, porque Deus o queria a vivificar com espírito cristão todas as tarefas e realidades humanas. Se com o trabalho apostólico, com a oração e com a mortificação de Mons. Escrivá o Opus Dei cresceu para dentro nesses anos imediatos à fundação, igualmente se pode afirmar que o Padre preparou toda a sua expansão apostólica.

Muitas vezes o ouvi falar da pré--história do trabalho apostólico num determinado país. A pré-história consistia em que, muitos anos antes de se estabelecer o primeiro Centro da Obra nas diversas nações, o nosso Padre, com muitíssima antecedência — eu fui testemunha disso —, tinha fertilizado o terreno com preces e mortificações; tinha atravessado cidades, tinha rezado em igrejas, tinha estado em contato com a Hierarquia, tinha visitado muitos sacrários e santuários marianos, para que, tempos depois, as suas filhas e os seus filhos encontrassem lavrado o terreno no *novo país*. Lavrado e semeado, porque, como costumava dizer, havia lançado a mãos cheias por tantas e tantas estradas e caminhos dessa nação a semente das suas ave-marias, das suas canções de amor humano que convertia em oração, das suas jaculatórias, da sua penitência alegre e confiada.

Passei quarenta anos junto do Padre. Pela misericórdia de Deus, fui testemunha dessas *magnalia Dei*, dessas maravilhas de Deus que se manifestavam na sua pessoa e na sua vida; e garanto que foi desse modo que o Padre sempre levou a Obra adiante: com a sua oração, com a sua mortificação, com uma prudência de governo cheia de fé, de realismo e de zelo apostólico.

Assim, o nosso Fundador pôde transmitir-nos o seu espírito — "não desenhado, mas esculpido" —, deixando-nos o caminho tão fácil de percorrer, tão clara a sinalização, com sendas tão seguras, que já não é possível extravio algum. "Com o que fizemos" — confirmava o Padre — "com a graça do Senhor e da sua Mãe, com a providência do nosso Pai e Senhor São José, com a ajuda dos Anjos da Guarda, já não vos podeis enganar. Teremos misérias pessoais, porque somos criaturas frágeis, mas o caminho é muito claro".

Deus permitiu que, a par desta clareza do espírito bem perfilado, o Padre pudesse também contemplar a expansão universal da Obra pelos cinco continentes. O Senhor concedeu-lhe a graça de ver milhares de filhas e filhos, de todas as raças, de todas as nações, trabalhando numa bendita unidade para servirem a Jesus Cristo e à sua Igreja, para fazerem o Opus Dei em todos os lugares da terra.

Com a sua decisão de corresponder como instrumento fiel nas mãos de Deus, o Padre tornou possível este crescimento da Obra. Porque, se a união com Deus é fonte de toda a eficácia apostólica, estou convencido de que o nosso Padre havia alcançado de modo patente uma perfeita unidade de vida nesta terra, não interrompendo nunca a sua união com o Senhor: escutava atentamente no coração as inspirações divinas, que nos entregava com fidelidade, confirmando-nos na fé, dirigindo os nossos passos, alimentando a nossa vida interior.

Como podem compreender, senti-me interiormente comovido quando, ao reler nestes dias palavras suas, saboreava o que o Padre escrevera em 1940:

"Nestes anos de começo, encho-me de profunda gratidão para com Deus. E ao mesmo tempo penso, meus filhos, no muito que nos resta percorrer até semearmos em todas as nações, por toda a terra, em todas as ordens da atividade humana, esta semente católica e universal que o Opus Dei veio espalhar.

"Por isso, continuo a apoiar-me na oração, na mortificação, no trabalho profissional e na alegria de todos, enquanto renovo constantemente a minha confiança no Senhor: *Universi qui sustinent te non conjundentur* (Sl 24, 3); não será confundido nenhum dos que põem em Deus a sua esperança.

"A Obra está singrando à base de oração: da minha oração — e das minhas misérias —, que aos olhos de Deus força o que o cumprimento da sua vontade exige; e da oração de tantas almas — sacerdotes e leigos, jovens e velhos, sãos e doentes —, a quem eu recorro, na certeza de que o Senhor as escuta, para que rezem por determinada intenção que, no princípio, só eu sabia. E, a par da oração, a mortificação e o trabalho dos que se chegam a mim: estas têm sido as nossas únicas e grandes armas para a luta.

"Assim vai — e assim se irá fazendo — a Obra, crescendo em todos os ambientes: nos hospitais e na Universidade; nas aulas de catequese dos bairros mais necessitados; nos lares e nos lugares de reunião dos homens; entre os pobres, os ricos e a gente das condições mais diversas, para que a todos chegue a mensagem que Deus nos confiou".

Alegria no meio da contradição

Hoje, a Obra tem fragrância de campo maduro e — perante a fecundidade do trabalho — não é preciso ter fé para perceber que o Senhor abençoou abundantemente aquela semente inflamada em amor que um dia lançara no coração do Padre, quando mal começava a adolescência. Mas seria injusto para com a sua memória se não resenhasse aqui também as contrariedades por entre as quais a Obra cresceu, e que a Providência divina não evita, para que o inimigo das almas seja humilhado e se engrandeça a glória de Deus. Cumpria-se — na vida da Obra — o vaticínio que Jesus Cristo fez aos que o seguiriam através dos séculos: *Não é o servo maior que o seu senhor. Se me perseguiram a mim, também vos hão de perseguir a vós* (Jo 15, 20). Em 1943, no decreto de ereção diocesana, o Bispo de Madri escrevia: "Esta piedosa instituição foi logo desde o começo assistida pelo favor divino, que se manifestou principalmente tanto no número e qualidade dos jovens — florescentes pela sua integridade e inteligência — que a ela acudiam, como nos frutos abundantes que colheu em toda a parte, assim como no sinal da contradição, que sempre foi o selo das obras de Deus".

"Quanto mais crescia a Obra" — escreveu o Padre —, "mais recrudescia a contradição, que o Senhor permitia. Conheci, e amei, o rigor da mais absoluta pobreza de meios; pude saborear uma vez mais a amargura dos enredos dos homens e a frieza de alguns corações. Mas consolava-me o Senhor com a vossa fidelidade ao serviço da sua Igreja, purificado de todo o interesse pessoal".

O Padre sempre manteve o seu bom humor. Nós, os que estávamos junto dele naqueles momentos, nunca o vimos triste. Pelo contrário, mostrava-se sempre alegre e otimista. A origem daquela serenidade era o fundo sentimento da filiação divina, que Deus quis pôr como fundamento do espírito do Opus Dei. "Senhor" — dizia, na sua oração —, "Tu fizeste que eu entendesse que ter a Cruz é encontrar a felicidade, a alegria. E a razão — vejo-o com mais clareza do que nunca — é esta: ter a Cruz é identificar-se com Cristo, é ser Cristo e, por isso, ser filho de Deus".

A reação do Padre naqueles momentos, como sempre, foi perdoar e recorrer a Deus com mais confiança: "Ad Te, Domine, levavi animam meam (Sl 24, 1); a Ti, Senhor, levantei a minha alma: ao longo destes anos, tem sido esta a nossa oração, no momento das intrigas e das calúnias incompreensíveis, brutais não poucas vezes. No meio das lágrimas — porque às vezes se chora, mas não faz mal —, nunca nos faltaram a alegria e a paz, o *gaudium cum pace*".

Efetivamente, em face da sua serenidade e alegria, ninguém teria imaginado as contradições que desabavam sobre a Obra e sobre o seu Fundador. O Padre, cheio de confiança e animado de prudência heroica, calava-se e rezava: "A Obra" — diria mais tarde — "se fez com a vida santa dos vossos primeiros irmãos: com aquele sorriso contínuo, com a oração, com o trabalho, com o silêncio. Assim se fez o Opus Dei".

Noutra ocasião acrescentaria: "Na minha terra, picam a primeira florada de figos, que se enchem assim de doçura e amadurecem antes. Para nos tornar mais eficazes, Deus Nosso Senhor abençoou-nos com a Cruz".

Nós, os que passamos aqueles anos junto de Mons. Escrivá, ouvimo-lo explicar posteriormente aos mais novos a fecundidade dessa bênção de Deus. Ao falar, tinha essa delicadeza — elegância sobrenatural — de recorrer a uma metáfora, a um desses ensinamentos gráficos que com tanta mestria utilizava para gravar bem nas almas uma ideia: "Sabem por que o Opus Dei se desenvolveu tanto? Porque fizeram com a Obra o que se faz com um saco de trigo: deram-lhe pancadas, maltrataram-na, mas a semente é tão pequena que não se partiu; pelo contrário, espalhou-se aos quatro ventos, caiu em todas as encruzilhadas humanas em que há corações famintos de Verdade, bem dispostos...

"Aconteceu o que acontece quando se levantam obstáculos à ação de Deus. As aves do céu e os insetos, nos meio dos estragos que causam às plantas com a sua voracidade, fazem uma coisa fecunda: levam a semente para longe, pegada às patas. Aonde talvez nós não tivéssemos chegado tão depressa, fez o Senhor que chegássemos desse modo, com o sofrimento da difamação: a semente não se perde".

O seu amor à Igreja e ao Papa

Ficaria incompleta esta minha tentativa de mostrar alguns traços do espírito de Mons. Escrivá e da sua generosa correspondência ao querer de Deus na sua tarefa de Fundador do Opus Dei, se não fizesse uma referência especial ao seu constante, fidelíssimo e apaixonado amor à Igreja e ao Papa, aos bispos em comunhão com a Santa Sé; se não mencionasse a sua abnegada obediência e o seu amor heroico à Esposa de Cristo. E prefiro empregar as suas próprias palavras:

"Considero-me o último dos sacerdotes da terra, mas ao mesmo tempo quereria que ninguém me suplantasse em amar e servir a Igreja e o Papa, porque este é o espírito que recebi de Deus, que com todas as minhas forças faço por transmitir a cada um dos meus filhos no mundo inteiro... A única ambição, o único desejo do Opus Dei e de cada um dos seus filhos é servir a Igreja, como Ela quer ser servida, dentro da vocação específica que o Senhor nos deu.

"No Opus Dei, filhas e filhos queridíssimos, procuramos sempre e em todas as coisas *sentire cum Ecclesia*, sentir com a Igreja de Cristo, nossa Mãe: corporativamente, não temos outra doutrina senão a que ensina o Magistério da Santa Sé. Aceitamos tudo o que o Magistério aceita, e rejeitamos tudo o que ele rejeita. Não queremos livrar-nos das travas — santas — da disciplina comum dos cristãos. Pelo contrário, queremos ser, com a graça do Senhor — que Ele me perdoe esta aparente falta de humildade —, os melhores filhos da Igreja e do Papa.

"O nosso espírito pede uma estreita união com o Pontífice Romano, com a Cabeça visível da Igreja Universal. Tenho tanta fé, tanta confiança na Igreja e no Papa!"

Ao evocar estas recomendações, pregadas há muitos anos, comovo-me e não posso deixar de recordar que esse amor apaixonado e heroico pela Igreja e pelo Papa animou permanentemente a sua existência, crescendo de dia para dia cada vez mais. Amor que repetidamente o levou a oferecer ao Senhor a sua vida — "e mil vidas que tivesse", sublinhava — pela Esposa de Cristo e pelo Romano Pontífice.

Fui testemunha direta do sofrimento indizível que lhe causava qualquer deslealdade, doutrinal ou disciplinar, para com a Igreja. O Padre sofria e sofria: rezava, trabalhava, entregava-se ao apostolado, mesmo para além do limite das suas forças. O seu coração consumia-se e desentranhava-se em desagravo, em reparação generosa, em vigilância e desvelo de dorido amor, em oração porfiada, em atenção ao seu *pusillus grex* e em dar doutrina a todos os que a quisessem ouvir, esquecendo-se absolutamente de si mesmo. Não conhecia tréguas o seu trabalho, nem pausas o seu caminhar, nem obstáculos o seu zelo pelas almas.

Tenho a certeza de que Nosso Senhor aceitou esse holocausto do Padre pela Igreja. Estou convencido de que, lá do Céu, há de interceder poderosamente por todo o Povo de Deus e pelos seus Pastores, para que estejam atentos ao querer de Jesus Cristo e se tornem patentes a unidade na fé e a unidade na doutrina, de modo que haja verdadeiramente um só rebanho e um só Pastor (cf. Jo 10, 16).

Continuidade e fidelidade

Com a passagem de Mons. Escrivá para o Céu, terminou a etapa fundacional do Opus Dei, para se dar início à etapa da continuidade, da fidelidade mais plena a toda a herança espiritual que o Padre nos transmitiu — por vontade divina —, entregando por nós a sua própria vida: porque não podemos duvidar de que, no meio destes afãs de serviço a Deus, à Igreja, ao Papa, foi gozar eternamente do Senhor.

Que fará agora o Opus Dei?, perguntaram-me alguns por ocasião da minha eleição como Presidente Geral, a 15 de setembro de 1975. E tive que responder: continuará caminhando, continuará a fazer o que sempre temos feito, também desde que o Senhor levou para junto de si o nosso Fundador; continuará caminhando com o espírito que ele nos deixou definitivamente estabelecido, inequívoco.

Permitam-me que interrompa por uns instantes o fio do meu discurso para lhes pedir encarecidamente ajuda. Tocou-me suceder a um santo e ser o começo da etapa da continuidade e da fidelidade ao espírito do Fundador, vivida e impulsionada atualmente também por aqueles que gozaram do dom imenso de conhecê-lo, de escutá-lo, de conviver com ele, de se sentirem filhos dos seus desvelos concretos de bom pastor e do seu carinho imenso "de pai e de mãe", como nos dizia.

Eu sei, com a mais confiada certeza, que a assistência divina não me há de faltar nunca; mas tenho de corresponder e, por isso, peço a fortaleza das orações de todos. Peçam por mim ao Senhor, para que, com a sua graça, eu seja bom e fiel. Se o Padre, sendo um santo, pedia continuamente orações, insistindo em que rezássemos por ele, imaginem a quantidade de orações de que preciso eu, que de santo não tenho nada.

Preciso acrescentar também uma coisa que sinto muito a fundo: e é que conservo na alma a convicção profunda de que agora o Padre dirige e governa a Obra do Céu. Recorro à sua intercessão de modo constante, para realizar fidelissimamente a missão de lhe suceder que me coube. Ao ver a minha pequenez e ao contemplar a minha responsabilidade, uma profunda certeza me enche de paz: a certeza de que o Padre continua conduzindo a Obra lá do Céu. Eu aqui não desejo senão ser o instrumento leal do seu coração vigilante.

III. A projeção da sua figura na Igreja e no mundo

Gostaria que estes traços da íntima história da ação de Deus na alma do Padre, que acabo de expor, me servissem para cumprir o dever filial de dar testemunho da sua absoluta fidelidade ao querer de Deus, que de modo algum posso silenciar. Antes de lhes falar da projeção da sua figura na Igreja e no mundo, permito-me insistir em dois pontos: em primeiro lugar, a realidade que o Padre sublinhava acima de qualquer outra: que "na fundação do Opus Dei, foi Deus quem fez tudo". Ao mesmo tempo, desejo frisar que a correspondência generosa do Padre à ação divina foi virtude heroica, santidade pessoal. Nós, seus filhos, bem sabemos que só por esse caminho, procurando humildemente a santidade, seremos fiéis continuadores da tarefa divina que o Senhor nos pôs nas mãos.

Evidentemente que, numa consideração que poderíamos denominar "histórica", a figura do Padre já atingiu uma grandiosa projeção na Igreja e no mundo — e há de atingi-la ainda em maior medida com o passar do tempo —, pela permanente fecundidade da sua doutrina, pela profundidade e extensão extraordinária da sua tarefa apostólica e pelo testemunho luminoso e vivo das suas virtudes pessoais.

Estas verdades só se compreendem quando se tem em conta a ação de Deus, que mantém sempre viva e operante a riqueza inextinguível da mensagem cristã e, em cada momento — *Spiritus ubi vult spirat* (Jo 3, 8)[11] —, suscita na sua Igreja realidades de graça e santidade.

A ação vivificante do Paráclito é palpável na mensagem espiritual de Mons. Escrivá. Depois de um parêntese de séculos — inexplicável, por ser muito prolongado —, em que esta doutrina soava a coisa nova, Deus suscitou por intermédio do Padre um novo e velho espírito evangélico, para que todos

---

11 "O Espírito sopra onde quer" (N. do T.).

os cristãos descobrissem o valor santificante e santificador da vida ordinária — do trabalho profissional — e a profunda eficácia da doutrina propagada através do exemplo e da amizade.

Muitos aspectos deste grande contributo trazido à vida cristã se incorporaram já ao patrimônio espiritual do nosso tempo. Na verdade — e assim o reconheceram eminentes protagonistas do Vaticano II —, Mons. Escrivá foi precursor do último Concílio Ecumênico, em importantes aspectos doutrinais.

O reconhecimento destes providenciais acertos precursores não esgota, longe disso!, o influxo e a transcendência da figura de Mons. Escrivá na vida da Igreja universal. Decerto que é muito importante que, nessa Suprema Assembleia, se tenha ratificado de modo solene a doutrina que o Senhor quis suscitar no mundo com o Opus Dei, efetivada por intermédio do Padre. Mas a alegria deste reconhecimento, manifestado por tantos Padres que participaram do Concílio, não representou o coroamento de uma tarefa. Eu o entendi como demonstração prática daquela continuidade da Igreja nos séculos, que se verifica na perenidade do Magistério Solene, o qual mantém intacta, íntegra, numa manifestação crescente da sua riqueza, a Mensagem de salvação que Jesus Cristo, Nosso Senhor, nos trouxe e consumou.

Teria que me alongar demais, se fosse analisar essa fidelidade do Padre na altura em que os seus passos se consideravam prematuros, fora do tempo, excessivamente avançados. Não me é possível fazê-lo, dada a limitação imposta pelo desenvolvimento familiar desta cerimônia acadêmica. Faz-se mister, porém, que me refira ao fato de o Padre ter sido um homem, um sacerdote de fé heroicamente valente: soube afirmar com vigor e soube "dizer não" decididamente. Aderiu lealmente à palavra de Cristo, guardada e explicada com autoridade pala sagrada Hierarquia, e proclamou-a com espírito de obediência interna e externa, sem se permitir descanso algum; e opôs-se — mesmo à custa da sua honra — a qualquer concessão perante o erro, sem querer tornar-se cúmplice de silêncios que desorientam as almas. Foi amigo da bondade, da compreensão, da caridade; e não se deixou arrastar por um modo de ser de "bonzinho", máscara das tristes condescendências.

Talvez estejamos ainda muito dentro do momento que vivemos, para contemplar em todo o seu relevo a transcendência dessa voz e dessa conduta do Padre, numa época de conformismos fáceis. Penso que se descobrirá, cada vez com maior intensidade, este serviço impressionante que o Padre prestou às gerações atuais e às vindouras, com uma atualidade que nunca há de decair.

A vocação para a santidade

Eis a ideia central da mensagem de Mons. Escrivá: a santidade — a plenitude da vida cristã — é acessível a todos os homens, sejam quais forem o seu estado e a sua condição; e a vida ordinária, em todas as suas situações, oferece ocasião para uma entrega sem limites ao amor de Deus e para um exercício ativo do apostolado em todos os ambientes.

O Senhor promoveu o Opus Dei quando escasseava, mesmo em países de velha história cristã, a frequência de sacramentos entre o povo; quando vastas camadas do laicato pareciam adormecidas, como se se tivesse desvanecido a sua fé operante. O Padre devia deliciar-se ao manifestar a ação de Deus com este comentário: "A Obra, calada e modesta, mas palpitando de espírito divino, foi instrumento do Senhor: Deus quis acordar os *homines dormientes*, utilizando a voz deles próprios. E estes homens da rua diriam aos outros — ao companheiro de trabalho, ao irmão ou aos filhos, ao discípulo ou ao mestre —: *Hora est iam nos de somno surgere* (Rm 13, 11), já está na hora de acordar; *in novitate vitae ambulemus* (Rm 6, 4), caminhemos com uma vida nova".

Assim se desenvolveu toda a existência do Padre: com um anseio apostólico contínuo que arrastava a todos, instando-os, com o querer de Jesus Nosso Senhor, a proclamar de milhares de maneiras essa mensagem "velha como o Evangelho e como o Evangelho nova", como ele gostava de repetir; porque não há nada mais evangélico e, portanto, mais novo que tornar presente à consciência de todos o chamado à santidade.

Pregará esta doutrina com zelo ardente, incansavelmente, com um autêntico "dom de línguas", que lhe havia de permitir expô-la de mil maneiras e sempre com uma diafaneidade atraente.

Dirá que "a santidade não é coisa para privilegiados". A todos chama Deus, a todos exprime uma vontade concreta de santidade e de corredenção, em que Ele tem a iniciativa.

A santidade surge como algo não reservado exclusivamente a sacerdotes e religiosos. O Senhor quer, para a generalidade dos homens, que cada um, nas circunstâncias concretas da condição que tem no mundo, procure ser santo: *Haec est enim voluntas Dei, sanctificatio vestra* (1 Ts 4, 3); esta é a vontade de Deus, a vossa santificação. O chamado de Deus não é necessariamente um convite para nos afastarmos do mundo: *Não Te peço que os tires do mundo, mas que os preserves do mal* (Jo 17, 13); um convite para abandonar aquelas realidades temporais em que determinada criatura se encontra imersa. É um chamado que reclama, isso sim, o estar presente de um modo novo, porque com essa luz de Deus as diversas ocupações temporais se convertem para o cristão em meio de santificação e de apostolado. O Padre explicará: "A nós, meus filhos, o Senhor pede somente o silêncio interior — que silenciemos as vozes do egoísmo do homem velho —, não o silêncio do mundo: porque o mundo não pode nem deve calar-se para nós".

Esta santidade que Deus pede aos que, como nós, não se afastam do mundo, é plenitude da vida cristã. Não é uma santidade de segunda categoria, embora muitas vezes seja santidade escondida — sem brilho externo —, conseguida dia a dia com autêntico heroísmo. Desde 1928, o Padre compreendeu com clareza que Deus deseja que os cristãos aproveitem o exemplo da passagem de Jesus por esta terra, e muito especialmente o do seu trabalho habitual entre os homens. O Senhor dispôs que muitas almas encontrassem o seu caminho nos seus anos de vida calada e normal, porque esses anos ocultos do Redentor não são algo sem significado, nem uma simples preparação dos que viriam depois, até a sua morte na Cruz: os da sua vida pública. Jesus, crescendo e agindo como qualquer um de nós, revela-nos que a existência humana, os afazeres correntios e ordinários, ganham um sentido divino.

Por isso o Padre insistirá em condenar a "loucura de sair do lugar" e aconselhará, em contrapartida, as almas que não tenham a vocação própria dos religiosos — a quem venerava profundamente — a procurarem o encontro com o Senhor precisamente no caminho em que Deus colocou cada uma: "Temos de converter em serviço de Deus a nossa vida inteira: o trabalho e o descanso, o pranto e o sorriso. Na lavoura, na oficina, no estudo, na atuação pública, devemos permanecer fiéis ao meio habitual de vida; converter tudo em instrumento de santificação e em exemplo apostólico". Ensinará que é preciso deixar de lado os sonhos, os falsos idealismos, as fantasias, isso que, com um jogo de palavras, costumava qualificar de "mística do oxalá: oxalá não me tivesse casado, oxalá não tivesse esta profissão, oxalá tivesse mais saúde, ou menos anos, ou mais tempo!"

Com esses sonhos enganosos contrasta o seu profundo realismo, que se revela numa constante insistência quanto à categoria importantíssima das coisas pequenas, como senda segura dos simples cristãos para se aproximarem de Deus. Desde o início da sua pregação, o Padre fez meditar aquelas palavras do Eclesiástico: *Qui spernit módica, paulatim decidet* (Ecl 19, l)[12], que o levarão a concluir: "Erraste o caminho se desprezas as coisas

---

12 "Quem despreza as pequenas coisas cairá pouco a pouco" (N. do T.).

pequenas"[13]. Um dos traços capitais do seu espírito era precisamente esse maravilhoso encadeamento dos maiores ideais — num coração tão grande, numa alma que voou tão alto — com o amor ao que é pequeno; ao que só conseguem notar as pupilas que o amor dilatou.

A dimensão sobrenatural do trabalho

Outro dos ensinamentos fundamentais do santo Fundador do Opus Dei é que o trabalho humano pode e deve ser orientado, na conduta do cristão, para a realização do plano de Deus. Recordou milhares de vezes que a vocação humana — esse conjunto de circunstâncias particulares que configuram o agir de cada pessoa: profissão, aspirações nobres, inclinações generosas — é parte da vocação divina.

A sua afirmação fundamental de que qualquer ocupação honesta pode ser santificante e santificadora soou a novidade,

---

13 Josemaria Escrivá, *Caminho*, n. 816.

especialmente nos começos da sua atuação. A essa doutrina opunha-se irremediavelmente a ideia, habitual durante séculos, de que o trabalho era coisa vil e até um estorvo para a santificação dos homens.

"O trabalho" — lemos numa das suas homilias — "acompanha inevitavelmente a vida do homem sobre a terra. Com ele aparecem o esforço, a fadiga, o cansaço, manifestações da dor e da luta que fazem parte da nossa existência humana atual, e que são sinais da realidade do pecado e da necessidade da redenção. Mas o trabalho em si não é uma pena, nem uma maldição ou um castigo: aqueles que falam assim não leram bem a Sagrada Escritura.

"É hora de que todos nós, cristãos, anunciemos bem alto que o trabalho é um dom de Deus, e que não faz nenhum sentido dividir os homens em diferentes categorias, conforme os tipos de trabalho, considerando umas ocupações mais nobres do que as outras. O trabalho, todo o trabalho, é testemunho da dignidade do homem, do seu domínio sobre a criação; é meio de desenvolvimento da personalidade; é vínculo de união com os outros seres; fonte de recursos para o sustento da família; meio de contribuir para o progresso da sociedade em que se vive e para o progresso de toda a humanidade.

"Para um cristão, essas perspectivas alargam-se e ampliam-se, porque o trabalho se apresenta como participação na obra criadora de Deus que, ao criar o homem, o abençoou dizendo: *Crescei e multiplicai--vos, e enchei a terra e submetei-a, e dominai sobre os peixes do mar e sobre as aves do céu, e sobre todos os animais que se movem sobre a terra* (Gn 1, 28). E porque, além disso, ao ser assumido por Cristo, o trabalho se nos apresenta como realidade redimida e redentora: não é apenas a esfera em que o homem se desenvolve, mas também meio e caminho de santidade, realidade santificável e santificadora"[14].

O seu ensinamento ajuda-nos a descobrir como qualquer atividade, por humilde

---

14 Josemaria Escrivá, *É Cristo que passa*, n. 47.

que seja, se se executa bem, e por um motivo sobrenatural, se enaltece. Deste modo — a par do enorme valor humano e social do trabalho —, põe de manifesto a sua ação instrumental na economia da Redenção.

Pregou incessantemente que o cristão deve ocupar-se do seu trabalho sabendo que Deus o contempla: *Laborem manuum mearum respexit Deus* (Gn 31, 42)[15]. A sua tarefa tem que ser, portanto, uma tarefa santa e digna dEle: acabada em todos os pormenores — realizada com competência técnica e profissional — e levada a cabo com retidão moral, com hombridade, com nobreza, com lealdade, com justiça. Nessas condições, o seu trabalho profissional surgirá como algo de reto e santo, ao mesmo passo que, também por esse título de oferecimento ao Criador, será oração.

O Padre explicava que o milagre que o Senhor espera dos cristãos é a santificação

---

15 "Deus olhou para o trabalho de minhas mãos" (N. do T.).

dos afazeres de cada dia, o prodígio de converter a prosa diária em decassílabos, em poesia heroica, pelo amor que põem na sua ocupação habitual: "Unidos a Cristo pela oração e mortificação no seu trabalho diário, nas mil circunstâncias humanas da sua vida simples, realizarão essa maravilha que é pôr todas as coisas aos pés do Senhor, levantado na Cruz onde se deixou pregar, de tanto amor ao mundo e aos homens".

Na mensagem espiritual de Mons. Escrivá, o trabalho humano — essa nobre atividade que o materialismo procura converter em lama que cega os homens e os impede de olhar para o Céu — fez-se colírio, para olhar para Deus, para falar ao Senhor e amá-lo em todas as circunstâncias da vida, em todas as coisas.

A missão apostólica de todos os fiéis

Se se pensa nesse panorama da vida cristã que cada alma é convidada a levar à sua plenitude, a exigência apostólica não é algo de externo ou justaposto à atividade cotidiana; surge como um princípio conatural, inserido com divina delicadeza na própria tarefa correntia e ordinária: "O cristão — que vive no mundo — realiza o seu apostolado com a sua vida toda, trivial e ordinária, quando mete o fermento de Cristo nos ambientes e estruturas em que atua; quando, com a palavra e o exemplo — com o testemunho — acende uma luz na alma dos seus amigos, dos seus companheiros de profissão e ofício, dos seus vizinhos; quando santifica o seu lar e não estanca as fontes da vida, colaborando generosamente com o Senhor, para que haja na terra novos filhos de Deus".

Conservo uma lembrança especialmente viva de uns conselhos com que o Padre nos animava a essa atuação apostólica, já que, com o exemplo e a palavra, os cristãos podem e devem sacudir as almas que o Senhor lhes coloca no caminho: "Se procedermos assim, daremos aos que nos rodeiam o testemunho de uma vida simples e normal, com as limitações e os defeitos próprios da nossa condição humana, mas coerente. E ao perceberem que somos iguais a eles em todas as coisas, os outros sentir-se-ão impelidos a perguntar-nos: Como se explica a vossa alegria? Donde vos vêm as forças para vencer o egoísmo e o comodismo? Quem vos ensina a viver a compreensão, a reta convivência e a entrega, o serviço aos outros? [...]

"São João conserva no seu Evangelho uma frase maravilhosa da Virgem, nas bodas de Caná. Narra-nos o evangelista que, dirigindo-se aos criados, Maria lhes disse: *Fazei o que Ele vos disser* (Jo 2, 5). É disso que se trata: de levar as almas a situar-se diante de Jesus e a perguntar-lhe: *Domine quid me vis facere?*, Senhor, que queres que eu faça? (At 9, 6)"[16].

O apostolado que nasce desse fogo divino do amor de Deus se entretece assim, numa unidade de vida simples e forte, com o trabalho e as ocupações ordinárias.

---

16 Josemaria Escrivá, *É Cristo que passa*, n. 184 e 149.

É, por sua própria natureza, laical e secular e, evidentemente, sempre atual, moderno e necessário, pois, enquanto houver criaturas na terra, os homens e as mulheres hão de ocupar-se numa determinada profissão ou ofício.

Quando as almas correspondem generosamente às moções de Deus, o trato com Ele as conduz à unidade de vida, e sentem-se impelidas a "meter Deus em todas as coisas, que, sem Ele, se tornam insípidas. Uma pessoa piedosa, com piedade sem beatices, procura cumprir o seu dever: a devoção sincera leva ao trabalho, ao cumprimento prazeroso do dever de cada dia, embora custe... Há uma união íntima entre essa realidade sobrenatural interior e as manifestações externas do agir humano. O trabalho profissional, as relações humanas de amizade e de convivência, os esforços para conseguir — lado a lado com os nossos concidadãos — o bem e o progresso da sociedade, são frutos naturais, consequência lógica dessa seiva de Cristo que é a vida da nossa alma".

Toda esta pedagogia tem a simplicidade, a louçania do que é de Deus, mas mostra uma concepção do apostolado que não era fácil de assimilar na altura em que o Padre iniciava o seu empreendimento. O seu modo de proceder não deixava de causar admiração, porque "o apostolado" — são palavras dele — "era concebido como uma ação diferente — distinta — das ações normais da vida corrente: métodos, organizações, propagandas, que se incrustavam nas obrigações familiares e profissionais do cristão — às vezes, impedindo-o de as cumprir com perfeição — e que constituíam um mundo à parte, sem se fundirem e sem se entretecerem com o resto da sua existência".

Por outro lado, era uma época em que também não se aceitava a autonomia dessa ação apostólica dos leigos, a qual, nascendo da própria vida interior, se manifesta nas circunstâncias específicas de cada alma. Em 1932, escrevia o Padre: "É preciso rejeitar o preconceito de que os simples fiéis não podem senão limitar-se a ajudar o clero, em apostolados eclesiásticos. O apostolado dos leigos não tem de ser sempre uma simples participação no apostolado hierárquico: é a eles que cabe o dever de fazer apostolado. E isto, não por terem recebido uma missão canônica, mas por serem parte da Igreja; essa missão, realizam-na através da sua profissão, do seu ofício, da sua família, dos seus colegas, dos seus amigos".

Precisamente com esse impulso apostólico pessoalíssimo, os simples fiéis prestarão à Igreja um serviço de valor incalculável, porque esse zelo nasce — continuo citando textos do Padre — "quando o cristão compreende e vive a catolicidade da Igreja, quando nota a urgência de anunciar a nova da salvação a todas as criaturas e percebe que tem de fazer-se tudo para todos, para salvar a todos (1 Cor 9, 22)".

Na verdade, com esta mensagem espiritual, todas as profissões, todas as situações sociais honradas foram agitadas como as águas da piscina probática, mencionada pelo Evangelho (cf. Jo 5, 2 e segs.), e ganharam força medicinal, pois se torna assim presente a todos os cristãos a necessidade do apostolado, a obrigação de ajudar os outros, por si sós incapazes de fazê-lo, a lançar-se sem medo às águas que curam.

Com esta perspectiva, recorda-se aos cristãos que, enquanto na terra abundam mananciais amargos, azedados pelos semeadores do ódio, até das pedras mais áridas e imprevistas brotarão — se formos fiéis e apostólicos — torrentes medicinais: águas caudalosas da graça, que saltam para a vida eterna (cf. Jo 4, 14).

O "segredo em voz alta"

Perante a riqueza desta doutrina do Padre, que acabamos de evocar, podemos perguntar: qual é a convicção básica, a persuasão mais funda, raiz de toda a sua mensagem espiritual, que o Espírito Santo lhe imprimiu no coração?

Como filho de tão bom Pai, gosto de repeti-lo, gritando-o à humanidade inteira: a necessidade de procurar a santidade pessoal no meio do mundo. Era uma convicção profunda que tem, e sempre terá, atualidade perene: a obrigação que todos os cristãos têm de lutar a fim de procurarem ser santos e converter a sua vida inteira num contínuo apostolado.

Este foi o "segredo em voz alta" que o Padre descobriu a milhares de almas.

Não se comovem com o zelo santo daquele ponto de *Caminho?*

"Um segredo. — Um segredo em voz alta: estas crises mundiais são crises de santos.

— "Deus quer um punhado de homens «seus» em cada atividade humana. — Depois... «pax Christi in regno Christi» — a paz de Cristo no reino de Cristo"[17].

O Senhor — que havia posto no coração do Padre, gravada a fogo, essa funda persuasão, esse "segredo" — incitava-o a espalhá-lo pelo mundo, de polo a polo, a propagá-lo de coração a coração, numa incessante

---

17 Josemaria Escrivá, *Caminho*, n. 301.

catequese oral e escrita, até o transformar num grito inflamado, num "segredo em voz alta", proclamado com fé vibrante e operativa, com fé comovente, capaz de arrastar tantas almas na esteira de Cristo.

Este "segredo em voz alta" é, em última análise, a mensagem que Deus lhe pedia para transmitir à Humanidade: *"Ignem verti mittere in terram, et quid volo nisi ut accendatur?* Vim trazer fogo à terra, e que quero senão que arda? (Lc 12, 49). Agora que nos abeiramos um pouco do fogo do Amor de Deus, deixemos que o seu impulso mova as nossas vidas, sonhemos com a possibilidade de levar o *fogo divino* de um extremo ao outro do mundo, de o dar a conhecer aos que nos rodeiam, para que também eles conheçam a paz de Cristo e, com ela, encontrem a felicidade"[18]. A propagação do fogo divino na sociedade tem por consequência imediata contribuir para a solução das crises mundiais na sua

---

18 Josemaria Escrivá, É *Cristo que passa*, n. 170.

própria raiz, quer dizer, cristãmente: "Um cristão que viva unido ao coração de Jesus não pode ter outras metas: a paz na sociedade, a paz na Igreja, a paz na sua própria alma, a paz de Deus, que se consumará quando vier a nós o seu reino"[19].

Basta refletir um pouco para descobrir o magnífico alcance que se encerra nesta chamada às consciências. Mostra-nos sem a menor dúvida que só podemos ser verdadeiros artífices da paz, se cada um de nós lutar por tê-la com Deus. O homem, o cristão é posto perante a urgência de se decidir a dar à sua vida um rumo que não atraiçoe a sua origem — é de Deus que saímos —, nem deserte do seu fim último: é para Deus que temos de voltar.

IV. O padre e a universidade

A homenagem que, com carinho filial e com o maior agradecimento, prestamos

---

19 *Ibidem.*

hoje ao Fundador e primeiro Grão-Chanceler da nossa Universidade, é um ato de estrita justiça.

Indicou-nos o Padre em mais de uma ocasião que a vida e a eficácia deste Centro universitário se deve principalmente à dedicação, ao interesse e ao esforço de todos os que colaboram na tarefa ordinária da coletividade acadêmica: professores, alunos, empregados e todos os que trabalham na Universidade. Sentia uma alegria especial quando nos explicava que a Universidade de Navarra surgiu em 1952, depois de ter rezado durante anos. E, na altura em que aqui esteve pela última vez, em maio de 1974, ouvimo-lo dizer: "A princípio, quando a Universidade de Navarra estava nos seus começos, pensava: o meu coração acabará indo para a Universidade, ficará lá num canto. Mas não é preciso eu dizê-lo: sempre tenho o coração pegado a vós. Tratai-mo bem!, ajudando-me a ser bom, rezando por mim". O Padre, sim, é que rezava constantemente por vós e pelo vosso trabalho, porque tinha o coração na Universidade, que amava com amor de predileção.

Por isso, repito, a homenagem que hoje lhe tributamos é um ato de estrita justiça. Não pode ficar num elogio caloroso ou numa lembrança passageira: o Padre não se sentiria contente. O nosso agradecimento por ele ter promovido este Centro acadêmico e por tê-lo impulsionado na sua evolução durante quase um quarto de século, deve manifestar-se em obras. Sem dúvida, contempla-nos agora do Céu, com olhar paternal, amabilíssimo. O seu exemplo nos alenta e nos incita a lutar com ardor e a ser fiéis ao que Deus, a todos e a cada um em particular, nos sugere através da figura do nosso Padre.

O espírito da instituição universitária

Permitam-me evocar aqui algumas das recomendações com que o Padre, vai para mais de dois anos, os estimulava a trabalhar cada vez melhor: "Ponde muito amor no que fazeis" — insistia —, "e vereis de que maneira esta família da Universidade se torna, todos os dias, fermento para uma fornada maravilhosa de almas, de felicidade na vida eterna, mas também na terra. Com dor! Sem medo ao sofrimento, que é um tesouro".

Não se pode expor com mais brevidade e justeza o espírito vivificante desta instituição universitária, imprescindível para que brotem frutos maduros. É um espírito exigente e de linhas bem marcadas, quando os universitários se inspiram numa concepção cristã da vida.

O Padre exortava-nos em uma das suas homílias: "Temos que conduzir-nos de tal maneira que, ao ver-nos, os outros possam dizer: este é cristão porque não odeia, porque sabe compreender, porque não é fanático, porque está acima dos instintos, porque é sacrificado, porque manifesta sentimentos de paz, porque ama"[20].

---

20 *Idem*, n. 122.

Com esta exigência de fraternidade humana, todos os que fazem parte da corporação acadêmica constituem uma família, um fermento que influi de modo especial, com influência poderosa e benéfica, no próprio ambiente universitário, onde se cultivam o exercício simultâneo da liberdade e da responsabilidade pessoais e a virtude da convivência, sem discriminações de espécie alguma. O influxo da *Alma Mater* — se tiver formado os estudantes nessa mentalidade de serviço — traduzir-se-á numa grande ajuda para a sociedade por intermédio do trabalho dos universitários, que contribuirão para uma sementeira de paz, com a promoção do amor à verdade, à justiça e à liberdade.

Por ocasião de uma solenidade, dizia o nosso Fundador que "não há Universidade propriamente nas Escolas onde, à transmissão dos saberes, não se una a formação inteiriça das personalidades jovens"[21]. Não

---

21 *Discurso pronunciado na cerimônia de investidura do grau de doutor "Honoris Causa"*, celebrada na Universidade de Navarra no dia 28 de novembro de 1964.

basta proporcionar aos alunos a necessária preparação humana, científica e profissional. Isso é muito, mas é pouco quando se contempla a missão universitária — na sua dupla faceta de docência e de pesquisa científica — sob o ponto de vista cristão.

Por isso o Padre os animava com palavras que devem recordar muitos dos Professores aqui presentes: "Emulação, convém que haja, para que todos sejam, de dia para dia, mais delicados, mais cristãos; não só mais mestres, mas também mais discípulos de Cristo".

Trata-se, em suma, de levar à prática — renovando a alma com a luz desta doutrina e tirando propósitos pessoais muito concretos — o constante ensinamento do nosso santo Fundador sobre as exigências da unidade de vida:

"Se o mundo saiu das mãos de Deus, se Ele criou o homem à sua imagem e semelhança e lhe deu uma chispa da sua luz, o trabalho da inteligência — mesmo que seja um trabalho duro — deve desentranhar o sentido divino que já naturalmente têm todas as coisas; e à luz da fé, percebemos também o seu sentido sobrenatural, que procede da nossa elevação à ordem da graça. Não podemos admitir o medo à ciência, porque qualquer trabalho, se for verdadeiramente científico, conduz à verdade. E Cristo disse: *Ego sum veritas* (Jo 14, 6), Eu sou a verdade.

"O cristão deve ter fome de saber. Desde o cultivo dos saberes mais abstratos até às habilidades do artesão, tudo pode e deve levar a Deus. Porque não há tarefa humana que não seja santificável, que não seja motivo para a nossa própria santificação e oportunidade para colaborarmos com Deus na santificação dos que nos rodeiam. A luz dos seguidores de Jesus Cristo não deve permanecer no fundo do vale, mas no cume da montanha, para que *vejam as vossas boas obras e glorifiquem o vosso Pai que está nos céus* (Mt 5, 16).

"Trabalhar assim é oração. Estudar assim é oração. Pesquisar assim é oração. Não saímos nunca do mesmo: tudo é oração, tudo pode e deve levar-nos a Deus, alimentar esse convívio contínuo com Ele, da manhã até à noite. Todo o trabalho honrado pode ser oração; e todo o trabalho que for oração, é apostolado. Desse modo, a alma se enrijece numa unidade de vida simples e forte"[22].

Um intercessor no céu

Trabalhar com este ambicioso horizonte de serviço cristão era o que o Padre sempre nos desejava. A sociedade e a Igreja necessitam — e com urgência vital, diria eu — desta dimensão seriamente cristã da labuta universitária. Embora cada um sinta a sua fraqueza pessoal, pode ter a certeza de que este ideal não é uma meta inacessível, porque sempre contamos com a graça de Deus; e agora que a Universidade tem a sua cabeça no Céu, temos que trabalhar na certeza de que esses tesouros da ajuda divina se hão de derramar mais abundamentemente sobre todos.

---

22 Josemaria Escrivá, *É Cristo que passa*, n. 10.

Bem sabem que a grande esperança do Padre era — como tantas vezes repetia — "saltar à toureira" o Purgatório: e para isso pedia a nossa ajuda. Numa ocasião, ouvi-o dizer: "Penso que não será necessário que me digam: Josemaria, para o Purgatório! Irei imediatamente, com o desejo de sair de lá quanto antes, para gozar eternamente do Amor de Deus no Céu". Perante os protestos carinhosos dos que o escutavam, respondeu: "Se rezardes muito, todos, o Senhor, que pode fazer das pedras filhos de Abraão, poderá tirar deste seu burriquinho uma alma para o Paraíso".

É lá que vive, indubitavelmente; atingiu já o encontro definitivo com a Santíssima Trindade, a que o conduziu o trato constante com a "trindade da terra", nome que gostava de dar à Sagrada Família.

Acompanhava-nos aqui o nosso Fundador com a sua palavra, com o seu carinho, com o seu olhar inesquecível, com o seu sorriso, com a sua fortaleza. Certamente que agora nos dirige, nos guia lá do Céu, como dantes, mas com mais eficácia ainda. As luzes humanas que antes recebíamos dos seus desvelos, unem-se com especial luminosidade à assistência do Paráclito que, como Mestre, se faz presente em nossas almas, para levarmos a bom termo este espírito de amor e de paz que nos entregou.

Todos nós, que o conhecemos de perto, tivemos ocasião de descobrir e apreciar no Padre um dom com que o Senhor o havia distinguido: uma graça especialíssima que impelia os que o escutavam a levantar a Deus os olhos e o coração — mesmo nos momentos mais simples da intimidade familiar —, porque introduzia na conversa, com a maior naturalidade, a perspectiva sobrenatural que brota da fé e de um vigoroso sentido cristão da vida.

Agora que o nosso Padre nos vê do Céu, vamos pedir-lhe que nos obtenha do Senhor a decisão de levantarmos os olhos para descobrir mais intensamente ainda a plena dimensão do nosso trabalho: o compasso divino, que leva à ordem sobrenatural todas as ocupações deste mundo, cada vez com mais Amor.

A Universidade de Navarra — que estava tão dentro do seu coração — é resultado, como bem sabemos, da oração do Padre. Mais de uma vez lhe ouviram sair dos lábios a afirmação de que os frutos que esperava da Universidade eram também, e fundamentalmente, frutos de santidade.

Na resposta cotidiana que o nosso santo Fundador dava a Deus, transbordante de amor e de generosidade, aprendemos que aquilo de que o mundo precisa é exatamente este fermento de cristãos que caminhem com os olhos postos na eternidade, alumiando com a luz de Deus todas as realidades da terra.

Para conseguirmos estes frutos de santidade, temos que realizar uma sementeira infatigável de amor, de verdade e de paz entre os homens. Para perseverarmos nesse esforço, sustenta-nos agora no Céu a eficácia da sua intercessão paternal. Não é apenas o Fundador da Universidade de Navarra; é também o grande arrimo da nossa labuta, com o seu assíduo patrocínio perante a Santíssima Trindade e junto da nossa Mãe, Santa Maria, que é *Sedes Sapientiae*, Sede da Sabedoria, e que o Padre, com tanto carinho pelos seus filhos, quis que nos presidisse do alto do *campus*, para que a Ela dirigíssemos o olhar e o coração e com Ela chegássemos a Deus.

SEM MEDO DA VIDA E SEM MEDO DA MORTE

Gonzalo Herranz[1]

Foi-me confiada a tarefa de rememorar hoje diante deste auditório os atos e as

---

1 Gonzalo Herranz Rodríguez é Professor Ordinário do Departamento de Anatomia Patológica da Faculdade de Medicina da Universidade de Navarra. Ocupou os cargos de Decano da Faculdade e Vice-Reitor da Universidade. Deu inúmeros cursos monográficos sobre Patologia Experimental e Introdução ao Método Científico, e além de outros ensaios e artigos, publicou *Los limites éticos de la investigación científica*. É membro de diversas sociedades científicas, entre as quais vale a pena mencionar a da Academia de Ciências de Nova York.

Este texto foi originalmente publicado em *En memória de Mons. Josemaría Escrivá de Balaguer*, *op. cit.*, págs. 133-173.

palavras que Mons. Josemaria Escrivá dedicou a dar graça humana e a embeber de sentido cristão as profissões relacionadas com a saúde do homem.

Partilho do preconceito dos presentes, bem fundado, de que é uma tarefa que me ultrapassa, por maior que seja o meu empenho em realizá-la. Tenho a firme confiança de que todos saberão suprir, com as suas entranhadas recordações da amabilíssima figura do nosso Fundador e primeiro Grão-Chanceler, as deficiências do meu relato e a pobreza do meu estilo. E assim, com essa disposição, quando citar palavras suas — tomadas dos seus escritos, recordadas das suas conversas —, façam com que soem com aquele acento de profunda convicção que a todos nos sacudia interiormente; não se esqueçam de que foram pronunciadas com aquele dom de línguas que em todos nós, em cada um, despertava desejos de melhora pessoal.

Quereria que todo o meu trabalho consistisse hoje, muito simplesmente, em saber reviver episódios da vida de Mons.

Escrivá, em repetir literalmente palavras suas. Desejaria limitar-me a uma função de recopilador, a fim de dispor com uma certa ordem o que brotou daquele coração apaixonado com tanta abundância e liberdade. Gostaria, enfim, de que me fosse concedido por uma vez o dom da eloquência, para falar com calor da harmonia e coerência da sua mensagem que, como sabem, é um ideal que procura converter-se em realidade na vida de tantos filhos seus, na de milhares de cristãos espalhados pelo vasto mundo, e igualmente na vida de muitos que, sem serem discípulos de Cristo, captaram de algum modo a sua qualidade humana e o seu alento espiritual.

Antes de entrar no tema, resta-me dizer--lhes que me sinto feliz de lhes falar nesta ocasião. Apesar das minhas deficiências, que lhes vou demonstrar imediatamente, sinto-me feliz por duas razões. A primeira é por servir de porta-voz a palavras tomadas de um tesouro que, como o da parábola evangélica, cumula de alegria a quem o descobre. A segunda é pela certeza de que as páginas que vou ler podem ajudar — tal como peço todos os dias a Deus, por intercessão do seu servo Josemaria Escrivá — a que muitos profissionais da Medicina e das Artes sanitárias vejam iluminado o seu caminho pelo resplendor da fé e do amor apregoado, até queimar a vida, por este nosso Padre e sacerdote de Jesus Cristo, que nunca quis falar de outra coisa a não ser de Deus.

Um ponto de partida

Se tivesse de escolher um ponto de partida que nos permitisse aperceber-nos em breve tempo do aspecto da vida e da obra do Fundador do Opus Dei que agora nos ocupa, não teria muitas dúvidas em escolher o ponto 419 de *Caminho*: "Criança. — Doente. — Ao escrever estas palavras, não sentis a tentação de as pôr com maiúsculas?

"É que, para uma alma enamorada, as crianças e os doentes são Ele".

Nesta identificação do doente — seja quem for — com Cristo, encontra-se a raiz de tudo o que Mons. Escrivá viveu e ensinou em relação à Medicina.

É uma identificação, como sabem, velha como o Evangelho, que ao longo de dois mil anos ateou em tantas almas o amor pelos que sofrem.

E é, ao mesmo tempo, uma equação nova, como novo é sempre o Evangelho. O Fundador do Opus Dei esforçou-se constantemente por enraizar na alma de todos os que quiseram escutá-lo a ideia de que devemos "reconhecer Cristo que nos sai ao encontro nos nossos irmãos, os homens"[2]. Na homilia *Cristo presente nos cristãos*, pregada em 1967, na festa jubilosa da Ressurreição, Mons. Escrivá fala-nos deste tema em que foi verdadeiramente mestre: o de aplicarmos à nossa vida corrente as consequências da contemplação de Jesus no seu convívio

_____

2 *Idem*, n. 111.

com os homens. Para demonstrar que "todas as situações por que a nossa vida atravessa nos trazem uma mensagem divina, pedem-nos uma resposta de amor, de entrega aos outros"[3], aduz as palavras desse diálogo que encerrará a história do mundo: *Então, o rei dirá aos que estiverem à sua direita: Vinde, benditos de meu Pai [...], tomai posse do reino que vos está preparado desde a criação do mundo. Porque tive fome, e me destes de comer; tive sede, e me destes de beber; [...] era peregrino, e me recolhestes; nu, e me vestistes; enfermo, e me visitastes [...]; estava na prisão, e fostes visitar-me. Então os justos lhe responderão, dizendo: Senhor, quando foi que te vimos faminto e te demos de comer; com sede, e te demos de beber? [...] Quando te vimos peregrino, e te recolhemos; nu, e te vestimos? Ou quando te vimos enfermo, ou na prisão, e fomos visitar-te? Respondendo o Rei, dir-lhes-á: Em verdade vos digo que*

---

3 *Ibidem.*

todas as vezes que o fizestes a um destes meus irmãos mais pequeninos, foi a mim que o fizestes (Mt 25, 34-40).

Como é que o Fundador da Obra vivia esta doutrina de Cristo que pregava com tanto empenho? Fomos testemunhas de tantas provas do seu amor operante, que se torna difícil escolher uma. Na que relato a seguir, presenciada por milhares de pessoas, ressalta vivamente aquela capacidade admirável que Mons. Escrivá tinha de traduzir em ações simples, em realidade tangível, o dado fundamental da presença de Cristo na alma do cristão.

Aconteceu em Barcelona, em fins de novembro de 1972. Mons. Escrivá teve de pôr fim a um encontro multitudinário porque assim o reclamava o amor a um seu filho doente, que queria visitar: tratava-se do pe. José Maria Hernández de Garnica, um dos três primeiros sacerdotes da Obra, que viria a morrer poucos dias depois em consequência de um câncer. Com um acento comovido, ouvimos Mons. Escrivá dizer: "Espera-me um doente, e não tenho o direito de fazer esperar um doente, que é Cristo. Precisa do pai e da mãe, e eu sou pai e mãe".

Assim, urgido pelo amor de Cristo — *caritas enim Christi urget nos* (2 Cor 5, 14), gostava de repetir —, acelerava o passo para levar aos doentes umas palavras de carinho, o consolo da sua presença, o alento da esperança e, também, um pequeno obséquio material. Só se assomarmos à profundeza do seu apaixonado amor por Jesus Cristo — que confessava sempre, junto com a afirmação da sua condição de pecador: "Sou um pobre homem, um pecador, que ama com loucura a Jesus Cristo" —, compreenderemos que, por ver o Senhor nos doentes, tivesse apontado "os doentes, prediletos de Deus", como o tesouro do Opus Dei e igualmente como candidatos idôneos para virem a fazer parte da instituição por ele fundada. Compreenderemos também que buscasse ambiciosamente o apoio da oração dos doentes, que têm tanto poder diante de Deus. E compreenderemos, enfim, que a doença que o afetou entre os anos 1940 e 1950 aproximadamente, em momentos decisivos da história do Opus Dei, fosse considerada por ele como um sinal de predileção divina.

Testemunhando a autenticidade

Durante as suas viagens de catequese pela Península Ibérica e pelo Continente americano, respondendo a perguntas feitas por pessoas diversíssimas, Mons. Escrivá deixou entrever retalhos da história — da "pré-história" — do Opus Dei. Com fragmentos colhidos aqui e acolá, é possível reconstituir um pouco do que foi o ambiente em que deu os seus primeiros passos, das vicissitudes de que Deus se serviu para que uma vez mais se verificasse que *et infirma mundi elegit Deus, ut confundat fortia* (1 Cor 1, 27); para que ficasse bem demonstrado que o Opus Dei, a Obra, nascia não da vontade humana, mas "da Vontade de Deus [...], do desejo divino de utilizá-la como expressão da Sua vontade salvífica universal"[4].

Numa dessas viagens, alguém pediu ao Fundador do Opus Dei: "Padre, como estimo muito a Obra, desejaria que o senhor nos explicasse por que diz que o tesouro do Opus Dei são os doentes". Não resisto ao impulso de transcrever a totalidade da resposta de Mons. Escrivá. Sei que, em parte, não é relevante para o tema que nos ocupa, mas não quero tomar a liberdade de mutilar um relato autobiográfico — rijo e encantador ao mesmo tempo —, que serve para dar relevo e colocar num contexto privilegiado o testemunho do seu amor pelos que sofrem.

"Escuta, meu filho" — respondeu Mons. Escrivá —, "havia um padrezinho... Vamos mais longe? Sois uns descarados... Havia um rapazinho que começava a vislumbrar o amor, e que começou a ter a certeza de que Deus queria alguma coisa dele e não sabia

---

4 Josemaria Escrivá, *Entrevistas com Mons. Josemaria Escrivá*, 3ª ed., Quadrante, São Paulo, 2016, n. 32.

o que era. Esse, que não pensava em ser sacerdote, disse de si para si: «Talvez por este caminho chegue a saber o que Deus quer», e fez as suas consultas. Primeiro consultou os pais, e ao pai, a quem nunca tinha visto chorar, nem antes nem depois, saltaram-lhe duas lágrimas, mas disse-lhe: — «Eu não me oporei; pensa». — «Pensei muito». — «Pois então, para a frente. Vou apresentar-te a um amigo que te poderá orientar». E assim o fez. E esse sacerdote — com 26 anos, a graça de Deus e bom humor, e nada mais — depois teve que fazer o Opus Dei. Diziam que era um louco e tinham razão: estava louco varrido e continua louco. Aqui está. Por isso vos quero com toda a minha alma; porque estou louco varrido por Amor de Cristo.

"E sabes como pôde? Indo pelos hospitais: aquele Hospital Geral de Madri carregado de doentes, paupérrimos, com aqueles largados pelos corredores, porque não havia leitos; aquele Hospital que se chamava del Rey, onde só havia tuberculosos de longa data, e então a tuberculose não se curava; agora não é doença, agora cura-se, os médicos progrediram muito. E essas foram as armas para vencer! Esse foi o tesouro para pagar! Essa foi a força para ir em frente! E a isso uniu-se a calúnia, a murmuração, a mentira, a falsidade dos bons, que se enganavam sem o perceberem — com certeza — e a quem estimo muito. E o Senhor levou-nos por todo o mundo, e estamos na Europa, na Ásia, na África, na América e na Oceania — graças aos doentes, que são um tesouro...

"Não me passará da memória aquela pobre criatura que eu, sacerdote jovem, ajudava a morrer depois de administrar--lhe a Extrema-Unção e a quem sussurrava ao ouvido: «Bendita seja a dor!» — isso é libertação —; «Amada seja a dor!», e ia-o repetindo com a voz quebrada — morreu poucos minutos depois —: «Santificada seja a dor! Glorificada seja a dor!» E não mudei de parecer. Sentia uma inveja louca".

Estas palavras que, passadas para o ponto 208 de *Caminho*, serviram de consolo a muitos, merecem ainda algumas linhas mais. Continua a contar Mons. Escrivá: "Aquela mulher tinha tido uma grande posição econômica e social na vida, e estava ali, num catre do hospital, moribunda e só, sem outra companhia além da que eu lhe podia fazer naquele momento, até que morreu. E ela repetia, saboreando, feliz: «Bendita seja a dor!» — tinha todas as dores morais e todas as dores físicas —, «Amada seja a dor!, santificada seja a dor!, glorificada seja a dor!» O sofrimento é uma prova de que se sabe amar, de que há coração".

Devo completar este comovente testemunho com umas palavras ditas pelo Fundador do Opus Dei na intimidade de uma tertúlia com um grupo pequeno de filhos seus. Era o dia 19 de março de 1975, a última festa de São José que celebraria nesta terra. Faltavam poucos dias para que fizesse as suas Bodas de ouro sacerdotais. Talvez essa circunstância tenha favorecido que se lhe avivassem lembranças dos seus primeiros anos de sacerdote e de Fundador. Dizia:

"Fui buscar fortaleza nos bairros mais pobres de Madri. Horas e horas por toda a parte, todos os dias, a pé, de um lado para outro, entre pobres envergonhados e pobres miseráveis, que não tinham nada de nada; entre crianças com os moncos na boca, sujos, mas crianças, o que quer dizer almas agradáveis a Deus. Que indignação sente a minha alma de sacerdote quando dizem agora que as crianças não devem confessar-se enquanto são pequenas! Não é verdade! Têm que fazer a sua confissão pessoal, auricular e secreta, como os outros. E que bem!, que alegria! Foram muitas horas naquele trabalho, mas tenho pena de que não hajam sido mais. E nos hospitais, e nas casas onde havia doentes, se se pode chamar casas àqueles tugúrios... Eram gente desamparada e doente... De modo que fui buscar os meios para fazer a Obra de Deus em todos esses lugares. Foram anos intensos, em que o Opus Dei crescia para dentro sem o percebermos. Mas quis dizer-vos que a fortaleza humana da Obra foram os doentes dos hospitais de Madri:

os mais miseráveis; os que viviam em suas casas, perdida até a última esperança humana; os mais ignorantes daqueles bairros extremos..., doentes incuráveis, pobres abandonados, crianças sem cultura e sem família, lares sem fogo e sem calor e sem amor". Receio que a força poética destas palavras nos leve a idealizar ou a deixar na penumbra a sujidade, a trágica pobreza, a falta de asseio daqueles doentes a cujo serviço se entregava generosamente numa ação sacerdotal esgotadora, numa atenção material que lhe exigia a superação heroica da repugnância produzida pela sordidez mais nauseabunda.

A sua experiência pessoal da dor

Mons. Escrivá pôde dizer com toda a justiça de si mesmo que sabia "um pouquinho" dessa matéria divina da dor. Gostaria de destacar aqui dois aspectos.

O primeiro é o caráter inseparável que a dor e a alegria tiveram na sua vida. *In laetitia, nulla dies sitie cruce* ("Com alegria, nenhum dia sem cruz"), escrevia com frequência na primeira página do seu calendário litúrgico, querendo com isso exprimir uma aspiração para o ano que começava e, ao mesmo tempo, registrar uma experiência que se repetia anualmente. Essa sua alegria profunda e constante, que podia parecer inata, espontânea, constitucional, era a conquista arduamente alcançada por meio de uma ascética sorridente, resultado imediato da sua permanente busca de Deus.

Dizia ele um dia, em São Paulo, que a circunstância de se estar doente não limita as possibilidades de fazer apostolado: "Padre, eu estou doente... Por isso mesmo! Os doentes são filhos de Deus amadíssimos: têm mais ocasiões do que ninguém de oferecer ao Senhor mil coisas, de sorrir... Quanto custa sorrir quando se está doente! Conheci um pobre homem — um pecador — que durante dez anos esteve diabético, muito doente; podia morrer de um momento para outro. Quando sorria — e sorria quase sempre —, custava-lhe muito, mas é preciso sorrir. É preciso tornar a vida amável aos outros! Já só com isso atrais as almas".

Quantos pormenores tão cheios de humanidade nasceram da sua experiência de doente! Parecem-me encantadoras as palavras que dirigia com particular carinho aos que sofriam de doenças que ele mesmo padecera. Certa vez, descobriu entre os filhos que o rodeavam uma cara séria, que tentava disfarçar sob a máscara da inexpressividade uma paralisia facial *a frigore*. Derramou o seu afeto com acentos de humor: "Meu filho, não te ponhas tão solene! Eu também estive com a cara assim há vinte e tantos anos. Há três testemunhas disso em Roma, mas não foi uma partida do ambiente: foi que não tínhamos aquecimento, e ali havia uma umidade espantosa. Não te preocupes, que ficarás bom. Procura o médico, e com banhos de luz se remedeia o assunto. Vais ficar mais garboso que antes".

Tinha manifestações de especial predileção pelos diabéticos: "De modo que, ânimo! Estás passando por coisas pelas quais também eu passei. E eu sou um pobre homem. De maneira que podes, com muita alegria, enfrentar esses contratempos, essa pequena cruz, quando o Senhor levou por nós uma Cruz tão grande".

A par dessa íntima relação entre os sofrimentos e a alegria, vê-se já pelos exemplos referidos um segundo traço característico que me parece oportuno comentar: na pregação de Mons. Escrivá, não há nada de artificial, de inautêntico. Os seus ensinamentos sobre o valor sobrenatural da doença são ensinamentos profundamente empíricos, produto previamente vivido, experimentado. Essa conexão imediata entre a doutrina do Evangelho e a vida do cristão corrente — que alguém considerou uma das características constantes da sua pregação — passa previamente pela sua interioridade, ensaia-se na sua própria vida e só então se derrama exteriormente com esse acento de grande sinceridade e convicção. Isto explica que Mons. Escrivá aludisse frequentemente às suas vivências de doente, às suas experiências. Sempre o fez com uma única intenção: a de aproximar as almas de Deus, sentindo-se instrumento — inepto, gostava de repetir — dos desígnios salvíficos de Deus. O recurso aos relatos em terceira pessoa, de que lançava mão com frequência, é uma prova do seu desejo de desaparecer, de passar oculto. Se falou das suas dores, foi para animar as pessoas aflitas, para lhes dizer palavras de consolação e dar-lhes uma visão positiva da doença e da morte.

"Meus filhos" — dizia a alguém que lhe pedia umas palavras oportunas para uns pais atribulados pela deficiência física de um filho —, "eu vos contarei um pouco da experiência de alguém que passou dez anos com uma doença grave, sem cura, e que esteve contente, cada dia mais contente, porque se abandonou nos braços de Deus, porque se persuadiu de que Deus não é uma enteléquia, um ser longínquo: é mais do que uma mãe boa. E é todo-poderoso, não se alegra com o nosso mal, mas com o nosso bem. Quando tu — recordarei a esse pai, a essa mãe, aos dois — tiras das mãos do teu pequeno uma faca, uma navalha, uns fósforos com que vem brincando, porque receias que se machuque, o menininho protesta, protesta porque o contrarias, porque lhe tiras um brinquedo. Nós, com a visão deste mundo, estamos vendo uma tapeçaria ao contrário, pela parte dos nós, e não compreendemos que a felicidade se encontra depois, que isto passa como passa a água por entre as mãos. Isto é fugaz. *Tempus breve est*, afirma o Espírito Santo. Há muito pouco tempo para amar. Dize-o a eles da minha parte, da parte de quem esteve doente, moribundo, por vários anos; mais: que morreu, mas vive por aí, anda por aí dando trabalho. Insiste com eles em que o Senhor do céu é seu Pai e que o tempo para amar é curto. Que amem aqui! E diz-lhes que o amor se manifesta na dor. Há uma velha poesia — perdoais-me se me ponho um pouco pedante? Deixais-me fazer tudo; sois boníssimos — ... A poesia é muito ruim, mas o conceito é bom:

> A minha vida é toda de amor
> e, se em amor estou experimentado,
> é por força da dor;
> pois não há amante melhor
> do que aquele que chorou muito

e nós, os homens, também choramos. Mas estes, que enxuguem as lágrimas. Porque o que Deus está fazendo com eles é manifestar-lhes a sua predileção. Esperam-nos tantas alegrias! Espera-os tanta felicidade e para sempre! Diz-lhes isso!"

Esta entrega à Vontade divina, essa disposição de completa docilidade aos desígnios de Deus, manifestava-se também numa obediência fiel às prescrições dos médicos. Era inevitável que o auditório desatasse a rir quando, comentando a necessidade de abrir a alma confiadamente na direção espiritual e viver uma "sinceridade selvagem", exemplificava com a situação paralela do doente examinado pelo médico. Um desses exemplos, mil vezes repetido — desta vez, o doente era ele mesmo —: "Para que serve a conversa com o Diretor? Para abrir a alma. Para que servem os médicos? Para que lhes digamos as coisas que sentimos. Eu tenho um pouco de faringite, que não é nada... Chamei o médico, um vosso irmão médico, que me disse: — «Abra a boca». Eu abri a boca. Veio com uma bombinha e depois apertou-me a língua para baixo... Tive que deixar fazer e deixei-o fazer tudo o que lhe veio à cabeça. Chegou até às amígdalas, mas não as encontrou porque mas tiraram há muitos anos. Não fiquei com vergonha. Por que hei de ficar com vergonha? Pois bem, se eu quero curar a minha alma, tenho que fazer como com o corpo... Tu dizes o que sentes, fazem-te umas perguntas e deixas que olhem, que aproximem uma luz e que te receitem uns remédios... — «E cada três horas o senhor tomará estas»... E não se fiou de mim e deu-as ao pe. Xavier, que dentro de três horas virá com uma pastilha e ma dará. Eu não fecharei a boca: tomarei a pastilha. Isso mesmo: farei o que me disserem".

Foi sempre dócil ao médico. Só numa ocasião é que não seguiu essa pauta que o levava a cumprir exatissimamente as indicações dos médicos. Foi em 1946. O Fundador do Opus Dei encontrava-se então gravemente doente. Ele mesmo descreveu a sua situação com estas palavras: "Quando me deitava à noite, não sabia se me levantaria no dia seguinte, e, quando me levantava, não sabia se me deitaria... Posso morrer hoje mesmo: sempre nos pode acontecer. Mas com uma doença grave como a que tinha então... Nunca fui mais feliz do que nesses dez anos!" A esses sofrimentos físicos acrescentava--se a responsabilidade de abrir um caminho jurídico para a Obra, de buscar-lhe um lugar dentro do Direito da Igreja. Era uma exigência requerida urgentemente pela entrega de milhares de almas a Deus na sua Obra e, no entanto, as dificuldades que obstavam a uma solução conveniente pareciam insuperáveis. Tornou-se necessária a presença do Fundador em Roma. Desatendendo ao parecer do médico, que dizia não se responsabilizar pela vida de Mons. Escrivá se viesse a fazer a viagem, mas com o parecer favorável — com a fé gigante — do Conselho Geral da Obra, o Fundador viajou a Roma, arriscando a vida. "E Deus nos escutou, e escreveu nestes anos romanos outra página maravilhosa da história da Obra".

Poderia estender-me neste ponto, que equivale ao cumprimento literal tanto das palavras da Escritura: *A virtude aperfeiçoa-se na enfermidade* (2 Cor 12, 9), como ao comentário que delas fez o Fundador da Obra na homília *Vida de fé*: "Com fé no Senhor, apesar das nossas misérias — ou melhor, com as nossas misérias —, seremos fiéis ao nosso Pai-Deus, e o poder divino brilhará, sustentando-nos no meio da nossa fraqueza"[5].

Mas tenho de terminar esta epígrafe. E, para fazê-lo, quero tomar emprestadas umas palavras do atual Presidente Geral do Opus Dei e Grão-Chanceler da Universidade de Navarra, D. Álvaro del Portillo,

---

5 Josemaria Escrivá, *Amigos de Deus*, n. 194.

que acompanhou mais de perto, passo a passo, a vida do Fundador ao longo de quarenta anos: "Repleto de Deus, a sua alma puxava pelo corpo de um modo assombroso; a parte espiritual predominava de tal maneira sobre a parte somática que, não obstante a sua idade madura, permitia-lhe essa atividade transbordante que tantos de vós presenciastes... Ninguém pode entendê-lo de outra forma. Os médicos que o atendiam disseram-me que só conseguiam explicar a sua grande vitalidade física pela força espiritual, tão impressionante, que o animava. A alma — o seu amor a Deus e, por Deus, ao próximo — dava-lhe aquele impulso apostólico avassalador, puxando para cima o corpo já não jovem, de maneira que, por vezes, começava uma daquelas tertúlias — catequeses — multitudinárias muito cansado, por não ter dormido, e terminava-a com vontade de começar outra imediatamente, para fazer o bem".

Palavras humanas para realidades divinas

O Fundador do Opus Dei recebeu de Deus a particular capacidade de aperceber-se desse "algo divino que se encerra nos detalhes"[6]. Alguém afirmou que esse dom vem a ser como um divino sentido do humor, que permite ver através das coisas e descobrir Deus que se esconde nelas. É uma capacidade que os santos possuíam num grau muito desenvolvido. O Evangelho abunda em parábolas e comparações; aparece povoado de um mundo efervescente de personagens humanos, de animais domésticos ou selvagens, de mil coisas revoltas numa desordem amável, que estão ali para nos revelarem verdades misteriosamente luminosas relativas ao Reino dos Céus.

Mons. Escrivá tinha esse divino sentido do humor. No aspecto que agora nos diz respeito mais diretamente, o seu olhar atento

---

6 Josemaria Escrivá, *Entrevistas com Mons. Josemaria Escrivá*, n. 116.

ao divino fê-lo descobrir mil semelhanças entre a vida sobrenatural e a vida biológica; a sua humildade profundamente arraigada fê-lo amar e não desprezar nenhuma das realidades, levou-o a agradecer tudo, "porque tudo é bom", tal como afirma no ponto 268 de *Caminho*. A sua intimidade e trato contínuo com Deus na oração e no trabalho fê-lo subir por esse plano inclinado que nos aproxima cada vez mais do ponto de vista de Deus, donde o mundo, reconciliado pela morte redentora de Jesus Cristo, se apresenta com umas perspectivas bem diferentes das que proporciona essa "visão plana, pegada à terra, de duas dimensões"[7] do *homem animal, que não percebe as coisas que são do Espírito de Deus* (1 Cor 2, 14).

As realidades penosas da doença e da morte, as operações terapêuticas, a atividade do médico, e mesmo as doenças mentais adquirem, ao menos por um momento e independentemente do seu significado

---

7 Josemaria Escrivá, *Caminho*, n. 279.

transcendente, o valor de termo de comparação para se compreenderem melhor as realidades sobrenaturais; Mons. Escrivá emprega — com força poética e às vezes com um sorriso que lhes suaviza a crueza — imagens médicas e biológicas de forte valor catequético, que comovem a nossa alma e a convidam a avançar por caminhos de amor e de conhecimento mais luminoso.

E assim, na sua homilia sobre a humildade, vibram com realismo as palavras do Eclesiástico: "Soberba? De quê? A Escritura Santa estigmatiza a soberba com acentos trágicos e cômicos ao mesmo tempo: — De que te ensoberbeces, pó e cinza? Já em vida vomitas as entranhas. Uma ligeira doença, e o médico sorri: o homem que hoje é rei amanhã estará morto (cf. Eclo 10, 9.11-12)"[8]. A estas palavras parecem servir de eco alguns pontos de *Caminho* que constituem uma condensada síntese de realismo tanatológico, enobrecido por

---

8 Josemaria Escrivá, *Amigos de Deus*, n. 99.

uns contrastes poéticos que nos obrigam a deter o olhar ante esse ineludível episódio da nossa vida pessoal:

601. "Soberba? — Por quê?... Dentro de pouco tempo — anos, dias —, serás um monte de podridão hedionda: vermes, humores fétidos, trapos sujos da mortalha..., e ninguém na terra se lembrará de ti".

741. "Vês como se desfaz materialmente, em humores pestilentos, o cadáver da pessoa amada? — Pois isso é um corpo formoso! — Contempla-o e tira conclusões".

742. "Aqueles quadros de Valdés Leal[9], com tantos «restos» ilustres — bispos, cavaleiros — em viva podridão, parece-me impossível que não te impressionem".

Caminho está semeado de metáforas médicas. Um patologista não pode reprimir uma reação de simpatia ao ver comparada a luta por pôr em prática os propósitos de vida interior ao processo de cura de uma ferida. Alguém descreve a sua situação como

---

9 Pintor espanhol do século XVII, famoso pelos seus quadros sobre a morte (N. do T.)

"uma dor de dentes no coração", e é-lhe recomendado um bom dentista que lhe faça umas extrações. Equiparam-se os efeitos da Comunhão dos Santos para a alma aos da transfusão de sangue para o corpo. Reconhecem-se em dois pontos do livro as mil torturas ou dores que acompanham uma cruenta operação cirúrgica. Desfilam personagens diversos: um que chega quase a fechar os olhos por exigências da sua miopia; ou o médico modernista que escreve biografias de seres disformes. Num dos pensamentos, põem-se na boca de um médico apóstolo umas palavras em elogio da castidade e menosprezo da luxúria; noutro, um cientista ao microscópio dá uma lição de perseverança sacrificada no trabalho[10], etc., etc.

Há, por outro lado, nas homilias de Mons. Escrivá, uma grande riqueza catequética em múltiplas analogias entre a vida corporal e a vida da alma cristã. Aludirei

---

10 Cf. Josemaria Escrivá, *Caminho*, n. 256, 166, 544, 224, 488, 283, 133, 124 e 277.

a umas poucas. A oração chega a tornar--se contínua, como o pulso, como o bater do coração[11]. O apostolado fará nas almas milagres que o Fundador do Opus Dei descreve numas linhas transbordantes de gozosa experiência e que são comparáveis aos realizados por Jesus e pelos seus discípulos: "Atrevo-me a assegurar que o Senhor também fará de nós instrumentos capazes de realizar milagres, e até, se for preciso, dos mais extraordinários, se lutarmos diariamente por alcançar a santidade [...]. Daremos luz aos cegos. Quem não poderia contar mil casos de cegos, quase de nascença, que recobram a vista, recebendo todo o esplendor da luz de Cristo? E de outros que eram surdos, e mudos, que não podiam ouvir ou articular uma palavra como filhos de Deus... E purificaram-se os seus sentidos, e já ouvem e se exprimem como homens, não como animais! *In nomine Iesul* (At 3, 6), em nome de Jesus, os seus Apóstolos dão a

---

11 Josemaria Escrivá, *É Cristo que passa*, n. 8.

faculdade de andar àquele aleijado que era incapaz de uma ação útil... E àquele outro, um poltrão, que conhecia as suas obrigações, mas não as cumpria... Em nome do Senhor, *surge et ambula!* (At 3, 6), levanta-te e anda. E um outro, já morto, apodrecido, que cheirava a cadáver, também ouviu a voz de Deus, como no milagre do filho da viúva de Naim: *Rapaz, eu te ordeno: levanta-te* (Lc 7, 14). Faremos milagres como Cristo, milagres como os primeiros Apóstolos. Talvez esses prodígios se tenham operado em ti mesmo, em mim. Talvez fôssemos cegos, ou surdos, ou paralíticos, ou tresandássemos a cadáver, e a palavra do Senhor nos levantou da nossa prostração"[12]. Não estamos diante de um convite ao apostolado exigente e cheio de promessas?

Ainda que o tema tenha uma longa tradição na literatura cristã, eu nunca vi utilizar as analogias entre a vida corporal e a vida cristã, entre a lesão somática e o defeito

---

12 Josemaria Escrivá, *Amigos de Deus*, n. 262.

moral, com ânimo tão vigoroso, com tanta compaixão e tão firme esperança. E, no entanto, penso que é na homilia *Vida de fé* que, uma vez mais, Mons. Escrivá atinge na compreensão de Cristo — que "não ataca, perdoa; não condena, absolve; não observa a doença com frieza, mas aplica-lhe o remédio com divina diligência"[13] — um ápice da catequese cristã de todos os tempos.

Ao estudarmos o itinerário espiritual percorrido pelo Fundador do Opus Dei para chegar a este profundo entendimento de Jesus Cristo, perfeito Deus e perfeito Homem, penso que nunca se poderá prescindir da sua percepção de Jesus como Médico divino. Há na sua homilia da Quinta-feira Santa sobre *A Eucaristia, mistério de fé e de amor*, uma referência ao conteúdo do diálogo com Cristo durante a ação de graças após a Santa Missa; de um diálogo que pode consistir, em muitas ocasiões, em considerá-lo como Rei, Médico, Mestre e Amigo. "É Médico,

---

13 *Idem*, n. 192.

e cura o nosso egoísmo se deixarmos que a sua graça penetre até o fundo da alma. Jesus advertiu-nos que a pior doença é a hipocrisia, o orgulho que leva a dissimular os pecados próprios. Com o Médico, é imprescindível que tenhamos uma sinceridade absoluta, que lhe expliquemos toda a verdade e digamos: *Domine, si vis, potes me mundare* (Mt 8, 2), Senhor, se quiseres — e Tu queres sempre —, podes curar-me. Tu conheces a minha debilidade; sinto estes sintomas e experimento estas outras fraquezas. E descobrimos com simplicidade as chagas; e o pus, se houver pus. Senhor, Tu que curaste tantas almas, faz com que, ao ter-te no meu peito ou ao contemplar-te no Sacrário, te reconheça como Médico divino"[14].

Palavras humanas para realidades divinas: não é este porventura um modo retíssimo e fecundo de traduzir para uma linguagem facilmente compreensível a profunda realidade do mistério da Encarnação do

---

14 Josemaria Escrivá, *É Cristo que passa*, n. 93.

Filho de Deus? Nenhum dos que tivemos a fortuna de estar presentes naquela ocasião se esquecerá da força, da convicção que lhe quebrava a voz na garganta quando, numa luminosa manhã de outubro de 1967, revestido dos paramentos sacerdotais, nos dirigia durante a Santa Missa, a poucos metros daqui, estas palavras: "Não, meus filhos! Não pode haver uma vida dupla, não podemos ser como esquizofrênicos, se queremos ser cristãos. Há uma única vida, feita de carne e espírito, e é essa que tem de ser — na alma e no corpo — santa e plena de Deus"[15].

Apologia da normalidade

Uma das consequências do fecundo princípio da unidade de vida que acabo de referir é o amor às realidades correntes, comuns, cotidianas, que traz consigo uma instintiva repugnância pelo espetacular, extravagante ou postiço.

---

15 Josemaria Escrivá, *Entrevistas com Mons. Josemaria Escrivá*, n. 114.

Sirvam-nos, para abordar o tema, umas palavras que distenderão por uns momentos o fio deste relato: uma chispa de humor amavelmente irônica que Mons. Escrivá inclui na sua homília sobre *A vocação cristã*. Ao sublinhar que é uma vocação de sacrifício, de expiação, de penitência, quer ressaltar também que deve ser vivida dentro da normalidade. O argumento leva-o a desculpar, cheio de compreensão, esses hagiógrafos que "queriam descobrir a todo o custo coisas extraordinárias nos servos de Deus já desde os primeiros vagidos. E contam de alguns deles que na sua infância não choravam, e às sextas-feiras não mamavam, por mortificação... Vós e eu nascemos chorando, como Deus manda; e nos prendíamos ao peito de nossa mãe sem nos preocuparmos com Quaresmas nem com Têmporas..."[16]

Nada há de estridente no seu espírito e nos seus ensinamentos. O normal — o

---

16 Josemaria Escrivá, *É Cristo que passa*, n. 9.

mais heroico — é "morrer despercebido, numa boa cama, como um burguês…, mas de mal de Amor"[17]. Mas é necessário cuidar da saúde, porque é necessário trabalhar intensamente para dilatar o Reino de Cristo: "É preciso procurar com particular esmero que o corpo corresponda sempre como um bom instrumento da alma e evitar por todos os meios que alguém possa chegar — pelas circunstâncias do seu trabalho ou por outras causas — ao esgotamento físico, que costuma levar também à ruína psíquica e produzir uma falta de energias que são necessárias à luta interior; porque, insisto, a graça de Deus conta ordinariamente com essas forças naturais".

A própria dor, que é sempre bênção de Deus e um dos tesouros do homem na terra, que não pode ser desprezado[18], deve ser submetida a uma regra de prudência, a um critério de eficácia. "A dor física,

---

17 Josemaria Escrivá, *Caminho*, n. 753.

18 Cf. *Idem*, n. 194.

quando se pode tirar, tira-se. Já há bastantes sofrimentos na vida! E quando não se pode tirar, oferece se". Mons. Escrivá insistia frequentemente na necessidade de se dedicar algum tempo ao descanso e recomendava-o aos seus filhos para que estivessem sempre em condições de render intensamente no seu trabalho profissional e nas suas tarefas apostólicas. Considerava também como particularmente necessária uma revisão médica periódica e — parece supérfluo dizê-lo — tinha uma grande confiança nos médicos, cujos conselhos e prescrições seguia e fazia os seus filhos seguirem, sempre que preciso. Tinha escrito em *Caminho*: "Abatimento físico. Estás... arrasado. — Descansa. Para com essa atividade exterior. — Consulta o médico. Obedece e despreocupa-te. Em breve regressarás à tua vida e melhorarás, se fores fiel, os teus trabalhos de apostolado"[19].

---

19 *Idem*, n. 706.

E confiava com a mesma força no valor da sinceridade, da simplicidade, do abandono nas mãos de Deus como ambiente interior que impede que se avolumem as complicações psicológicas. O seu amor pelo "ar limpo" e pela "água clara" de uma vida interior sem esconderijos veio a converter-se — permitam-me os termos impróprios — numa contínua campanha profilática em favor de uma das virtudes que pregou com mais insistência: a sinceridade; em favor do sacramento da Penitência, que comparava com acentos comovedores "ao carinho de uma mãe que apanha a criança, e a mete na água e a ensaboa e a perfuma e a arruma, e no fim o menininho está feito um céu!" Convém que, seguindo os seus ensinamentos, aprofundemos no valor das virtudes humanas, das virtudes cristãs, dos Sacramentos como meios de santidade e como fatores de equilíbrio, de saúde espiritual: aspirando a realizar em nós o varão perfeito em Cristo de que nos fala São Paulo na sua Epístola aos Colossenses (1, 28).

Outra manifestação do seu amor pela normalidade era a sua repulsa por toda a milagraria: "Não sou «milagreiro». — Já te disse que me sobram milagres no Santo Evangelho para firmar fortemente a minha fé"[20]. E ainda que a sua fé gigante e a sua experiência o levassem a afirmar que "o braço de Deus, o seu poder, não encolheu!"[21]; que "agora também há milagres; nós próprios os faríamos se tivéssemos fé!"[22], nunca ocultou a sua predileção — vimo-lo há um momento — por essas maravilhas escondidas, não suscetíveis de serem submetidas a uma contagem ou a uma verificação, que se passam no interior das almas. Numa carta datada de 17 de junho de 1967, dirigida aos seus filhos da Espanha, falava sonhadoramente do que esperava da bondade de Deus, pela intercessão poderosa de Nossa Senhora de Torreciudad, Rainha dos Anjos,

---

20 *Idem*, n. 583.

21 *Idem*, n. 586.

22 *Idem*, n. 583.

cujo santuário começava então a ser construído por iniciativa do Opus Dei: "Espero uma profusão de graças espirituais, que o Senhor quererá conceder aos que recorrerem à sua Mãe Bendita diante dessa pequena imagem, tão venerada há tantos séculos. Por isso, interessa-me que haja muitos confessionários, para que as pessoas se purifiquem no santo sacramento da penitência e — renovadas as almas — confirmem ou renovem a sua vida cristã, aprendam a santificar e a amar o trabalho, levando aos seus lares a paz e a alegria de Jesus Cristo: *Dou-vos a paz; deixo-vos a paz.* Assim receberão com agradecimento os filhos que o céu lhes mandar, usando nobremente do amor matrimonial, que os faz participar do poder criador de Deus; e Deus não fracassará nesses lares, quando Ele os honrar escolhendo almas que se dediquem, com uma dedicação pessoal e livre, ao serviço dos interesses divinos.

"Outros milagres? Por muitos e grandes que possam ser, se o Senhor quiser honrar assim a sua Mãe Santíssima, não me parecerão maiores que os que acabo de indicar, que serão muitos, frequentíssimos, e passarão escondidos, sem que se possam fazer estatísticas.

"Digo-vos isto recordando-me de quanto gosto de beber com devoção de filho de Santa Maria a água que brota abundante em Lourdes, em Einsiedeln, em Fátima. Mas em Torreciudad, onde quer que ponhamos água para saciar a sede dos fiéis, irá um cartaz que diga clara e terminantemente: *água natural potável*.

"A água dessa minha Mãe, nossa Mãe, que nos espera naquelas paragens, será água como um manancial fresco e vivo que jorrará sem cessar até à vida eterna.

"E faremos a Nosso Senhor Sacramentado, com a nossa pobreza e com o amor de todos, um bom trono no Sacrário rico e *acompanhado*, que há de presidir do alto do retábulo da igreja a todas as atividades apostólicas que se realizem entre aquelas penhas aragonesas, para honra de sua Mãe, para bem de todas as almas e para o serviço da Igreja Santa".

O Fundador do Opus Dei possuía uma sensibilidade extraordinariamente apurada: Deus — já o vimos — não lhe poupou penas nem contrariedades. Para vencer tantas situações difíceis, para manter a serenidade dentro de si e à sua volta, aprendeu bem cedo a eficácia de uma adesão incondicional aos desígnios divinos: "A aceitação rendida da Vontade de Deus traz necessariamente a alegria e a paz"[23]. Essa era a receita que dispensava generosamente a quem se encontrava atribulado, para devolver-lhe a serenidade e, com ela, o sentido da medida nas reações e nas emoções. Transcrevo a seguir dois exemplos.

O primeiro é a resposta que deu a alguém que lhe pedia umas palavras de consolo para aliviar a dor de uns pais que acabavam de perder um filho: "Primeiro, diz-lhes que chamar cruzes a isso é uma ofensa à Santa Cruz. Eu não gosto de que chameis cruzes ao que vos causa dor, porque a Cruz é o trono onde

---

23 *Idem*, n. 758.

Jesus Cristo Sacerdote triunfou. Esses Cristos enraivecidos, encrespados, incomodam-me. O Senhor estendeu os braços com gesto de sacerdote, e, mais do que com ferros, deixou-se cravar no madeiro por Amor. Amava-nos tanto, tanto, que quis sofrer muito; e como tinha todo o poder, sofreu quanto é possível por cada um de nós. De modo que Ele não pretende o sofrimento desses pais.

"Eu compreendo-os. Achas que não choro quando morrem as pessoas queridas? Há tantas a quem quero... Durante estes mesmos dias, estou como se não vivesse, porque tenho dois com doenças incuráveis. De maneira que eu os entendo, mas que não chamem cruz a isso, e que saibam que encontrarão o seu filho no dobrar da esquina, dentro de nada. Se isto daqui em baixo é uma noite ruim numa ruim pousada! A vida escapa-nos das mãos. Dói às vezes pensar assim, mas é verdade. Diz-lhes que encontrarão em breve o filho que se lhes foi. Entretanto, podem invocá-lo, para que os ajude em todas as suas necessidades; mas que deixem de chorar. As primeiras lágrimas ante a morte de um ser querido são um dom de Deus; não seríamos criaturas feitas de carne e osso se não chorássemos. Mas, depois, não devemos sumir-nos numa tristeza contínua: isso já seria exagerar".

Noutra ocasião, o Padre convocava os seus para que o ajudassem a rezar pedindo pelo bom resultado de uma operação de cirurgia cardíaca a que ia ser submetido um dos seus filhos: "Há poucos minutos, confirmaram-me que vão operar um irmão vosso. Disseram-me que pode ficar na operação, e eu não vivo. Quereria que vos unísseis à minha oração, à minha petição, para que o Senhor no-lo queira curar. Insisti uma vez e outra, com teimosia, para que o Senhor *queira*, partindo sempre de que amamos e aceitamos a sua Santíssima Vontade, ainda que nos custe".

Uma última manifestação do seu amor à normalidade é o reconhecimento, como ingrediente comum da vida, das realidades menos brilhantes, frequentemente duras, que é necessário começar por receber com naturalidade, para depois incorporá-las, pelo otimismo cristão, ao *omnia in bonum* — tudo é para bem — que ele tanto repetia como jaculatória. Essa fórmula abreviada do *para os que amam a Deus, tudo coopera para o bem* do Apóstolo São Paulo (Rm 8, 28) não é um amuleto para enfrentar serenamente as inclemências da vida, mas a convicção de que Deus nos destinou para nos tornarmos conformes com Cristo. "Enquanto caminhamos pela terra, a dor é a pedra de toque do amor [...]. São dores e contrariedades, o passar do tempo, que consome os corpos e ameaça azedar os caracteres, a aparente monotonia dos dias que parecem sempre iguais"[24]. A essa ação erosiva do tempo que passa, com a sua decadência psíquica e corporal, temos de opor o empenho por identificar-nos com Cristo e ser-lhe fiéis: "A fidelidade delicada, operativa e constante — que é difícil, como é difícil

---

24 Josemaria Escrivá, *É Cristo que passa*, n. 24.

qualquer aplicação de princípios à realidade mutável do que é contingente —, é por isso a melhor defesa da pessoa contra a velhice de espírito, a aridez de coração e a anquilose mental"[25].

Suspeito que nestas últimas linhas podemos encontrar a razão da atraente graça humana, do vigor inexplicável de Mons. Escrivá, e enfim, da brincadeira que fazia nos últimos anos da sua vida em torno da idade que tinha. Quando dividia por dez a sua idade cronológica, que já passava dos setenta, e declarava, divertido, que tinha apenas "sete anos", um observador superficial poderia perceber simplesmente um detalhe de humor. Tinha afirmado uns anos antes: "Tenho já bastantes anos, mas ao rezar ao pé do altar *ao Deus que alegra a minha juventude* (Sl 42, 4), sinto-me muito jovem e sei que nunca chegarei a considerar-me velho; porque, se permaneço fiel ao meu Deus, o Amor me vivificará

---

25 Josemaria Escrivá, *Entrevistas com Mons. Josemaria Escrivá*, n. 1.

continuamente; renovar-se-á, como a da águia, a minha juventude (cf. Sl 102, 5)"[26]. Como será interessante estudar as razões desta juventude de espírito, desta madura infância espiritual, sobretudo tendo em conta que o Fundador do Opus Dei, na sua juventude, tinha pedido intensamente para si mesmo a virtude da gravidade: "Como a pedia — «Senhor, dá-me… oitenta anos de gravidade!» — aquele jovem clérigo, nosso amigo!"[27]

Falando a médicos e enfermeiras

Quero reunir nesta epígrafe algumas frases que o Fundador da Obra dirigiu a médicos e enfermeiras. São expressões de agradecimento pelo trabalho que realizam a serviço dos homens. São também palavras de alento que nos animam a

26 Josemaria Escrivá, *Amigos de Deus*, n. 31.

27 Josemaria Escrivá, *Caminho*, n. 72.

não abandonar o constante esforço por melhorar a nossa formação profissional para servirmos melhor. São apelos ao nosso sentido de responsabilidade como cristãos, em favor da ajuda espiritual que se deve oferecer aos doentes.

Não esperemos encontrar aqui outras palavras que não as de um sacerdote de Jesus Cristo. E, como sacerdote, Mons. Escrivá compreendeu esse traço analogicamente sacerdotal de que se revestem as profissões da saúde, porque são dedicação ativa e zelosa a um serviço aos homens cheio de nobreza. Declarava-o a um traumatólogo que lhe perguntava como evitar a rotina, a tibieza na atuação profissional. O Fundador do Opus Dei respondeu-lhe: "Tem presença de Deus, como já o fazes. Ontem estive com um doente, um doente a quem quero com todo o meu coração de Padre, e compreendo o grande trabalho sacerdotal que vós, os médicos, fazeis. Mas não fiques orgulhoso, porque todas as almas são sacerdotais. É preciso pôr em ação esse sacerdócio! Quando lavares as mãos, quando vestires o avental, quando calçares as luvas, tu pensa em Deus, e pensa nesse sacerdócio real de que fala São Pedro; e então não terás rotina; farás bem aos corpos e às almas".

Ano e meio mais tarde, num encontro que tantos de nós recordaremos sempre — foi a última vez que o nosso primeiro Grão-Chanceler esteve na Universidade de Navarra —, uma enfermeira da Clínica Universitária perguntou-lhe como poderia melhorar o seu trabalho. Alegrando-se com a oportunidade que se lhe oferecia de reiterar conselhos e desejos manifestados em outras ocasiões, Mons. Escrivá respondeu: "Essa pergunta foi-me feita muitas vezes por enfermeiras de muitas nações, e causa-me muita alegria que me façam essa pergunta ou outras semelhantes, porque é necessário que haja muitas enfermeiras cristãs. Porque o vosso trabalho é um sacerdócio, tanto e mais que o dos médicos. Ia dizer mais, porque tendes convosco a delicadeza — perdoa-me a afetação —, o *imediatismo*, porque estais sempre junto do doente. O médico aparece e depois vai-se embora; leva-os com certeza na cabeça, mas não os tem constantemente aí, diante dos olhos. De maneira que penso que ser enfermeira é uma vocação particular de cristã. Mas, para que essa vocação se aperfeiçoe, é preciso que sejais umas enfermeiras preparadas, cientificamente, e depois que tenhais uma delicadeza muito grande: a delicadeza de que têm fama a Faculdade e o Hospital Universitário de Navarra. Deus te abençoe, minha filha!"

Estes dois atributos — delicadeza e qualidade científica — eram os que exigia igualmente aos médicos: "Comovo-me" — dizia — "quando me contam algo que muitos de vós tereis experimentado. Os médicos em geral não têm outra saída senão fazer como os confessores, mas no aspecto material; e os médicos daqui não se preocupam somente com o aspecto material, mas também com a alma. Têm a mesma preocupação que tu, e não dizem a uma pessoa: — Dispa-se, e mais nada... Todos me comentam o mesmo: — Que delicadeza! Que atenções! Vê-se que manejam bem a sua ciência: mas sobretudo, além de serem uns grandes homens e uns grandes médicos, têm uma delicadeza extraordinária.

"Mas que os médicos não me fiquem orgulhosos, porque os outros fazem o mesmo, cada um no seu terreno. Convém que haja emulação, para que cada dia sejais mais delicados, mais cristãos; não apenas mais sábios, não apenas mais mestres, mas mais discípulos de Cristo".

Estas palavras, que foram pronunciadas naquele mesmo último encontro com Mons. Escrivá na Universidade de Navarra, têm o valor de um testamento, de um último desejo, que todos os que trabalhamos nesta Universidade temos de esforçar-nos por cumprir.

Para a enfermeira, para o médico, ser discípulo de Cristo concretiza-se em detalhes como o amor aos Sacramentos, uma concepção profunda da morte, um sólido sentido da vida, e tantos outros que não é possível enumerar aqui.

Mons. Escrivá dizia a um médico no Peru, em resposta a uma pergunta sobre a maneira de vencer o temor da morte que se manifesta nos doentes e nos seus parentes, e mesmo nos médicos; sobre a maneira de chegar a considerar a morte como uma "boa amiga", como "nossa irmã": "Ouve, meu filho, só te vou contar um pequeno episódio. Não há muito tempo, um amigo vosso que talvez não conheçais pessoalmente — é um homem que dirige várias empresas, está muito ocupado e viaja constantemente de um lugar para outro —, dizia-me que costuma encontrar-se com outros colegas e fazem um plano trienal ou quinquenal de trabalho: «Dá gosto — comentava ele —, porque lhes ocorrem todas as possibilidades, todas!, todas! Mas falta-lhes uma, e digo-lhes: Vós, que previstes isto, aquilo e mais aquilo, previstes que podemos morrer?... Terrível! Não a preveem, e é a única coisa certa. A única coisa certa!»

"A morte, meus filhos, não é um passo desagradável. A morte é uma porta que se abre para o Amor, para o Amor com maiúscula, para a felicidade, para o descanso, para a alegria. Realmente, um médico considera-a sob outros pontos de vista; mas um médico cristão, como tu — já percebi como a vês, Deus te abençoe! —, deve olhá-la de um modo positivo. E os outros também. Não é o final, é o princípio. Para um cristão, morrer não é morrer; é viver. Viver com maiúscula. De modo que não tenhais medo da morte.

"Enfrentai a morte. Olhai-a de frente. Contai com ela: tem que vir... Por que hás de ter medo da morte? Esconder a cabeça debaixo das asas com medo, com pânico, por quê? Senhor, a morte é a vida. Senhor, a morte para um cristão é o descanso, e é o Amor, e daí não saio. Era isto o que querias que dissesse?"

Para as enfermeiras, além de expressões de carinho, nunca faltavam palavras que lhes recordassem a dignidade da sua profissão e a colaboração que sempre podem prestar à realização do plano redentor de Deus, ajudando os doentes, em tantos casos, a receber os auxílios espirituais e os Sacramentos. "Estimo de modo muito particular as enfermeiras" — dizia certa vez a uma professora de uma Escola de Enfermagem —. "Pareceis-me algo de extraordinário no meio do mundo. Sabeis sorrir quando teríeis que estar já cansadas e aborrecidas. Sabeis ter delicadeza de mãe, com pessoas que realmente vos são estranhas.

"Deus vos abençoe! Pensai que estais servindo a família de Nazaré, que aquele doente é Cristo. Disse-o Ele, lembras-te? Ou que é a Mãe de Deus. Trata-os com carinho, com cuidado, com delicadeza. Que não lhes falte nada: sobretudo os auxílios espirituais. Prepara-os bem. Deus te abençoe! Abençoo todas as enfermeiras de todo o mundo". E em outra ocasião acrescentava palavras muito semelhantes às que acabo de transcrever: "...Rezo por vós, porque penso no bem e no mal que podeis fazer. Se uma pessoa está preparada, é possível dizer-lhe até bruscamente, sem inconveniente algum, a verdade sobre o seu estado.

Se não está preparada, aproveita qualquer ocasião para que se confesse e comungue. E chega um momento em que essas criaturas tão doentes, como que desejam que lhes digam que estão indo para o céu. Eu conheço casos muito bonitos".

Quantas vezes o Fundador do Opus Dei não recomendou que se alimentasse a oração pessoal com as incidências do dia, com os "menores detalhes da jornada"[28], porque Deus é "espectador amoroso de todo o nosso dia!"[29] É na oração que conseguimos dar sentido às coisas que não entendemos. Há médicos e enfermeiras que nunca se acostumam à morte. Um cardiologista brasileiro confiava a Mons. Escrivá que, apesar da sua convivência diária com a doença e do seu sentido cristão, experimentava continuamente o impacto da morte e da dor, especialmente quando se tratava de pessoas jovens. O Padre mostrou-lhe que

---

28 Josemaria Escrivá, *Amigos de Deus*, n. 245.

29 *Idem*, n. 246.

esses sentimentos têm de ser completados e purificados com um ato de fé, com a oração: "Vou te contar um episódio, meu filho. Havia um sacerdote jovem que devia cumprir uma missão... mundial. Não tinha virtudes, e agora também não as tem: passaram quase cinquenta anos, quarenta e sete... Não possuía virtudes nem dinheiro. Não tinha senão juventude, bom humor e graça de Deus. Gostava muito de visitar os doentes pobres, e uma vez — como tantas — encontrava-se à cabeceira de um rapaz jovem, moribundo, desses que te dão pena. A mim também me dão pena, mas naquele momento invejei-o. Vi que aquela alma ia direta, purificada, para o Senhor e disse-lhe: «Tenho-te inveja!» Foi-se muito consolado, muito contente.

"Talvez tu, alguma vez, venhas a sentir um pouco de inveja perante esses moribundos; e outras vezes um pouco de pena, porque lhes falta conformidade cristã. Reza por eles. Sê um bom médico, como és; bom cristão, como és; e farás um grande trabalho".

Roubar um pedacinho do céu

Numa cerimônia de colação de doutoramentos *honoris causa* na nossa Universidade, referindo-se à concessão da máxima honra acadêmica ao Prof. Erich Letterer, Mons. Escrivá disse no seu discurso: "A medicina alivia os sofrimentos do corpo e a dor da alma, inseparáveis da nossa condição humana, e facilita esse direito do homem a não estar só na hora difícil da doença e do desconsolo". Pessoalmente e por meio dos membros do Opus Dei, com a colaboração inapreciável de tantíssimos cooperadores, com a ajuda e a simpatia de pessoas de todas as condições sociais, como o nosso primeiro Grão-Chanceler procurou cumprir com obras e verdadeiramente essas funções que atribuía à Medicina!

O impulso inicial que levaria à criação de uma Faculdade de Medicina no ainda por nascer "Estúdio General de Navarra" partiu do seu coração. E por outro rebate do seu coração, arrastado pelo seu amor urgente às pessoas que sofrem, decidiu que o ensino da Medicina começasse já em 1954. Assim, a Faculdade de Medicina é, pela sua antiguidade, o segundo dos centros da nossa *Alma mater*. E ao mesmo tempo nasceu a Escola de Enfermagem, que é o seu complemento indispensável e valiosíssimo.

Quando anos mais tarde, as circunstâncias tornaram necessário o Hospital Universitário, o Padre — não posso chamá-lo agora simplesmente Grão-Chanceler da Universidade — tomou a decisão de que as funções de Administração do Hospital fossem assumidas por mulheres pertencentes ao Opus Dei. Quero deter-me brevemente neste ponto, para que possamos captar todo o valor dessa decisão. Não é meu propósito ponderar aqui as complexidades técnicas, a eficiência de organização, a tensão psicológica exigidas pela atenção a umas solicitações que se mantêm inalteradas durante as vinte e quatro horas de cada dia sobre os serviços de cozinha, lavandaria, limpeza, etc., de um hospital moderno. O que quero destacar é o valor de sinal de predileção pelos doentes que teve essa decisão: ao confiar às suas filhas essas tarefas — que, em honra da verdade, é preciso qualificar como duras, às vezes extenuantes, e que sempre são retribuídas com muito pouca glória humana ou fama pessoal —, Mons. Escrivá deu para atender os doentes o melhor que tinha.

Aqui, como sempre, foi coerente consigo próprio. Tinha apontado desde o começo da Obra, como um traço permanente do seu espírito: "Desde sempre, quando um dos meus filhos adoece, tenho dito aos que devem atendê-lo: meus filhos, que esta criatura não se lembre de que tem longe de si a sua mãe. Quero indicar com isso que, nesses momentos, temos de ser nós como a sua mãe, para esse meu filho e vosso irmão, com o carinho e os cuidados que ela lhe dedicaria". E glosou noutra ocasião: "Embora sejamos pobres, nunca falta o necessário aos nossos irmãos doentes. Se fosse necessário, roubaríamos para eles um pedacinho de céu, e o Senhor nos desculparia".

Não é difícil descobrir a magnanimidade do seu coração, a sinceridade, demonstrada praticamente, do seu carinho pelos doentes: para todos os inumeráveis pacientes de todas as procedências sociais e geográficas, de qualquer mentalidade que, no decorrer do tempo, procurassem as consultas do Hospital Universitário ou ingressassem na sua área de especialização, quis os mesmos cuidados, idênticas atenções, a mesma delicadeza que queria para os seus próprios filhos. Mais ainda: julgo que, para compreendermos as dimensões do seu carinho pelos doentes — um carinho universal, que não distingue, que não regateia —, temos de compreender previamente que Mons. Escrivá quis para a Universidade de Navarra e especialmente para o seu Hospital esse "ar luminoso, ordenado e limpo, humanamente agradável" que só os que têm um conceito entranhável do que é um lar sabem projetar num ambiente. E sabia muito bem que esse ar só pode ser mantido por aqueles que, como as suas filhas, possuem a graça do cuidado dos detalhes, esse peculiar dom feminino.

Foram muitos os filhos e as filhas de Mons. Escrivá que vieram de todos os cantos do mundo para serem medicamente tratados na Clínica Universitária. Ele próprio a procurou vez por outra para fazer uma revisão geral, e já tivemos ocasião de observar que partido soube tirar dessas visitas para a sua catequese sobre a sinceridade, virtude que amava apaixonadamente. E também apaixonadamente quis viver a mentalidade laical que é traço substancial do espírito do Opus Dei: com toda a força da sua personalidade avassaladora, exigiu — vencendo toda a resistência que foi possível opor — que lhe fossem cobrados os honorários dos consultores e os gastos dos exames clínicos. Quis fazê-lo por amor à justiça, para imitar Nosso Senhor Jesus Cristo, que *não veio para ser servido, mas para servir* (Mt 20, 28) e para dar exemplo.

Correspondência de amor

Julgo ter mostrado como o Fundador do Opus Dei amou apaixonadamente a Cristo nos seus doentes. Quero agora manifestar, chegando ao fim desta minha intervenção, que a toda essa ternura, a essas manifestações práticas de afeto, à força da ajuda espiritual, ao consolo da conversação, acrescentava-se sempre a súplica de que todos os sofrimentos fossem oferecidos a Deus acompanhados da petição pelas suas intenções: a Igreja, o Papa, as almas. Como se sentia seguro com o apoio firme da dor e da oração dos doentes! "A redenção que Ele levou a cabo é suficiente e superabundante.

"Deus não quer escravos, mas filhos, e portanto respeita a nossa liberdade. A salvação prossegue, e nós participamos dela: é Vontade de Cristo que — segundo a expressão forte de São Paulo — cumpramos na nossa carne, na nossa vida, aquilo que falta à sua paixão, *pro Corpore eius, quod est Ecclesia*, em benefício do seu Corpo, que é a Igreja (cf. Cl 1, 24).

"Vale a pena jogar a vida, entregar-se por inteiro, para corresponder ao amor e à confiança que Deus deposita em nós"[30]. E nesta tarefa de corredimir com Cristo, as dores e as orações dos doentes ocupam um lugar privilegiado: "Depois da oração do Sacerdote e das virgens consagradas, a oração mais grata a Deus é a das crianças e a dos doentes"[31]. Encontramos neste pensamento um eco das palavras que nos serviram de ponto de partida momentos atrás. Mas eu preferiria deixá-las gravadas aqui para que sirvam de contraste a outras que Mons. Escrivá pronunciou num encontro que, exatamente um ano antes da sua morte, em 26 de junho de 1974, manteve no Teatro Coliseu de Buenos Aires. É um diálogo que é todo ele um pedaço de vida:

— Padre, sou de Rosário.

— "Rosarina! Que cidade tão bonita! Disseram-me que é muito bonita, mas,

---

30 Josemaria Escrivá, *É Cristo que passa*, n. 129.

31 Josemaria Escrivá, *Caminho*, n. 98.

claro, é mais moderna que Buenos Aires. Continua".

— Eu me considero católica praticante, julgo. Não pertenço à Obra.

— "É que não há necessidade de pertencer à Obra para ser católico praticante".

— Mas o meu esposo, que faleceu há uns dias, era da Obra, era do Opus Dei.

— "Tu o amavas?"

— Sim.

— "Aqui confessa-se tudo, hein?"

— Não, eu quero... Perguntas, gostaria de fazer-lhe muitas, mas neste momento quero agradecer, profundamente, aos amigos e companheiros do meu marido na Obra, em Rosário, que o ajudaram — e a nós também — desde o começo da sua doença até à hora da sua morte. E dentro da nossa profunda dor de perder o esposo e o pai, volto a repetir, dentro da nossa profunda dor..., não sei se a palavra que vou dizer é a adequada, mas foi para nós... *uma festa espiritual.* E os meus filhos e eu temos procurado enfrentar esta situação com resignação cristã: porque nos deu um exemplo maravilhoso, e não julgo que possam ter morrido muitas pessoas da forma como ele o fez.

— "Minha filha, eu vejo morrer em todo o mundo — e viver — muitas pessoas como o teu marido, encantadoras. Tu não o perdeste".

— Não, Padre.

— "Tu o tens no céu, ouves?"

— Sim, Padre.

— "E, além disso, uma esposa que diz do marido o que tu dizes aqui, merece o respeito, a consideração e a simpatia de todos nós. Tu a tens".

— Muito obrigada.

— "E terás a minha oração que, por ser a oração de um sacerdote, vale alguma coisa: quase tanto como a de um doente".

Se foi tão grande a estima que o Fundador do Opus Dei teve por esta oração, se foi tão firme a sua fé na eficácia impetratória dos sofrimentos que se unem às dores de Cristo, também foi grande a resposta generosa obtida pelos seus rogos, por esse seu ir mendigando orações por todo o mundo.

Pôde-se dizer com expressão feliz que, com o decorrer dos anos, se constituiu entre os membros da Obra, entre os cooperadores e amigos, o costume não codificado de oferecer a Deus o tesouro da doença em troca do cumprimento das intenções do Padre.

Copio umas linhas de uma carta que Mons. Escrivá enviou a um dos seus filhos que se encontrava já numa fase muito avançada da evolução da sua doença: "Continua a rezar, e reza também por mim. Eu o faço todos os dias pedindo por todos vós, e sentindo-me forte nessa unidade que nasce da Comunhão dos Santos: é hora de rezar, de importunar o Senhor para que queira encurtar o tempo de prova da Igreja. E cabe-nos a nós essa bendita responsabilidade de sermos homens rezadores, homens que não se cansam, apesar dos pesares: une-te às minhas intenções".

Com que carinho, com que heroísmo oculto se soube corresponder a esse pedido do Fundador do Opus Dei! Não me parece oportuno referir um ou outro dos inumeráveis episódios que traduzem a infinita variedade de modos em que se fez realidade esta oblação de vidas e dores. Alguns são tão próximos no tempo ou afetaram-nos tão de perto que prefiro não pôr à prova a minha serenidade, para não dizer a dos que me ouvem. Farei uma exceção singular: tem toda a qualidade de um protótipo, a força convincente de uma eficácia que não se extingue. Refiro-me à doença e morte da mãe de Mons. Escrivá. Assim deixou ele um relato escrito das suas recordações: "Em 1941, deixei a minha mãe muito doente em Madri, para ir a Lérida pregar um retiro a sacerdotes diocesanos. Sabia da gravidade da doença, mas os médicos não pensavam que a morte da minha mãe fosse iminente, ou que não pudesse curar-se. «Oferece as tuas moléstias por esse trabalho que vou fazer», pedi à minha mãe ao despedir-me. Assentiu, embora não pudesse deixar de dizer baixinho: «Este filho!»...

"Já no Seminário de Lérida, onde os sacerdotes se encontravam em retiro, fui até o Sacrário: «Senhor, cuida da minha mãe, já que eu me estou ocupando dos teus sacerdotes». A meio do retiro, ao meio-dia, dirigi-lhes uma prática: falei do trabalho sobrenatural, do ofício inigualável que compete à mãe junto do seu filho sacerdote. Acabei e quis ficar recolhido por uns momentos na capela. Quase imediatamente aproximou-se de mim o bispo administrador apostólico, que também fazia o retiro, e disse-me de rosto alterado: «O senhor Álvaro chama-o ao telefone». «Padre, a avó morreu», ouvi Álvaro dizer-me.

"Voltei à capela, sem uma lágrima. Compreendi imediatamente que o Senhor meu Deus tinha feito o que mais convinha; e depois chorei, como chora uma criança, rezando em voz alta — estava a sós com Ele — aquela longa jaculatória que tantas vezes vos recomendo: *Fiat, adimpleatur, laudetur... iustissima atque amabilissima voluntas Dei super omnia. Amen. Amen*[32].

---

32 "Faça-se, cumpra-se, seja louvada e eternamente glorificada a justíssima e amabilíssima Vontade de Deus sobre todas as coisas. Amém" (N. do T.).

Desde então, sempre pensei que o Senhor quis de mim este sacrifício, como manifestação externa do meu carinho pelos sacerdotes diocesanos, e que minha mãe continua a interceder especialmente por esse trabalho"[33].

Amor à vida

Chega o momento de terminar, e embora pudesse continuar a evocar recordações e episódios, acrescentando, às já transcritas, outras palavras cheias de força moral, de inspiração e de carinho, tenho de concluir este resumo mal amanhado. E vou fazê-lo mencionando brevissimamente um aspecto da catequese de Mons. Escrivá de amplas ressonâncias no campo da Medicina: o seu amor apaixonado pela vida humana. Resisto a empregar para este fim uma expressão mais comum —

---

33 Salvador Bernal, *Josemaria Escrivá de Balaguer. Perfil do Fundador do Opus Dei*, Quadrante, São Paulo, 1977, pág. 43.

respeito à vida humana — porque, embora esteja cheia de nobreza e de fecundas consequências práticas, não designa com propriedade aquela atitude, tão arraigada no espírito do Fundador do Opus Dei, que estava composta de uma mistura de entusiasmo pela vida, de júbilo por essa participação no poder criador de Deus que é o fim primário do casamento, da convicção de que "na terra, há apenas uma raça: a raça dos filhos de Deus"[34]; de dor pela degradação do ser humano que, ao desprezar-se a si mesmo, designa quem e quantos são dignos de viver e quem são os que hão de ser aniquilados sem apelação numa matança programada.

Na sua catequese de amor pela vida humana — na realidade, de amor pelas almas —, utilizava toda a gama de recursos ao seu alcance: desde o elogio inflamado ao valor enaltecedor da maternidade fecunda — como se iluminava o rosto das

---

34 Josemaria Escrivá, *É Cristo que passa*, n. 13.

mães de família numerosa, de todas as raças e condições, quando o escutavam! — até a persuasiva argumentação das respostas que deu às questões relativas ao número de filhos na entrevista sobre *A mulher na vida do mundo e da Igreja*[35]; desde as palavras que pronunciou aqui mesmo, há agora dois anos, no estilo clássico e intemporal do seu discurso acadêmico ao receber como Doutores *honoris causa* o Prof. Lejeune e Mons. Hengsbach, até os episódios cheios de humor dos quais referirei um dentro de momentos: tudo servia a Mons. Escrivá para fazer esta apologia da vida, para criar no seu auditório uma reta consciência cristã, para afogar na abundância da caridade e na luz da ciência de Deus os instintos malignos e a ignorância que dominam tão extensos setores da humanidade.

Quero relatar um episódio significativo e emocionante. Em 14 de fevereiro de 1975,

---

35 Cf. Josemaria Escrivá, *Entrevistas com Mons. Josemaria Escrivá*, n. 94-95.

em Caracas, no decorrer de uma tertúlia alegrada pela celebração de aniversários muito íntimos, teve lugar esta cena breve e inesquecível. Uma jovem mãe pede a Mons. Escrivá que abençoe a criatura que traz nos braços. A jovem mãe é enfermeira e explica que, dois anos antes, ignorando que estava grávida, tivera de submeter-se a um exame radiológico. Quando se confirmou a gravidez, "todos" — acrescentou — "me mandaram abortar porque pensavam que a criança ia nascer completamente disforme. Fizeram uma grande pressão e muitos me disseram que ia dar à luz um monstro, porque o exame radiológico tinha sido muito extenso. Procurei um Centro da Obra, falei do meu caso e aconselharam-me e ajudaram-me: rezei muito e lá rezaram por mim. E agora tenho uma filha muito linda, Padre, que, embora não fosse permitido que entrasse, eu a trouxe para que o senhor a abençoe". O Padre abençoou a criança e disse: "Abençoada", e quando os aplausos — que poucas vezes foram tão eloquentes como naquela ocasião — cessaram, acrescentou: "E que tu sejas mil vezes bendita também, porque agiste como uma boa cristã: uma cristã não tem outro caminho. A outra solução é criminosa, brutal; é um assassinato, um infanticídio, e é privar uma criatura do Paraíso".

E agora vem a calhar, para temperar a emoção, a bem-humorada história que prometi há uns momentos e que o Padre referia de um filho seu, chinês, Doutor em Medicina, que trabalhava numa nação americana: "É uma coisa verdadeiramente original. Uma indiazinha, empurrada pela propaganda diabólica que certo Estado faz em terras americanas, foi procurá-lo para dizer-lhe que queria abortar. O médico esclareceu-lhe:

— "Isso não se pode fazer, é um crime! Isso é um assassinato.

"Eu subscrevo que é um assassinato: um assassinato diabólico, porque essa pobre criatura nem sequer se pode defender... Além disso, para mim, que tenho a fé íntegra, é privá-la do Céu. Essa criatura, sem receber o batismo, para onde irá? Tirai todas as consequências que quiserdes, porque estais na verdade.

"Quando viu que não podia convencer aquela mulher, que certamente iria procurar outro médico, teve uma moção verdadeiramente sobrenatural: uma espécie de juízo de Salomão. Perguntou-lhe:

— "Quantos filhos tem?

"A indiazinha respondeu que tinha seis ou sete.

— "E o mais velho que idade tem?

— "Nove.

— "Por que você não quer ter este outro?

— "Porque não lhes posso dar de comer.

"Então esse meu filho disse-lhe:

— "Pois olhe, não. A este que lhe vai nascer, não. Mas traga-me o de nove anos, que o matarei.

"A mulher levou as mãos à cabeça:

— "Não! Não!

"Argumentou-lhe o médico:

— "Mas se esse é o que come mais! Já o que lhe vai nascer não gastará quase nada, porque você lhe dará o peito...

181

"A uma mulher cristã" — concluiu o Padre, ao terminar o relato —, "não se deve ir com esses argumentos; basta-lhe a Lei de Deus".

E, para o médico, não é somente a Lei de Deus, que é Lei para todos, que está na origem desse amor à vida. Para o médico, para todos os que trabalham nos nobres ofícios que cuidam da saúde, há umas razões adicionais que constituem o núcleo operativo da profissão: esse compromisso, tão antigo como a própria Medicina, de que a primeira obrigação é não causar mal; esse invencível juízo prévio — do qual nasce toda a técnica curativa e todo o progresso verdadeiro — que diz que jamais nada está irremediavelmente perdido; essa entusiasmada convicção de que é necessário continuar a lutar contra a doença e a morte, de que é uma hipótese revulsiva a incongruência de um médico verdadeiro convertido num sanguinário destruidor de vidas.

"Afogar o mal em abundância de bem", gostava Mons. Escrivá de repetir. Aplicando esse princípio ao tema que nos ocupa, copio estas linhas do seu discurso em 9 de maio de 1974: "As vidas humanas, que são santas por procederem de Deus, não podem ser tratadas como simples coisas, como números de uma estatística. Ao considerar a realidade profunda da vida, escapam do coração humano os seus afetos mais nobres. Com que amor, com que ternura, com que paciência infinita os pais olham para os seus filhos, mesmo antes de nascerem! E por acaso não vive igualmente a generosidade incansável, a atenção ao concreto, ou a serenidade de juízo, o teólogo que esmiúça o sentido da palavra divina sobre a vida humana? Ou não é também espera entusiasmada, capacidade de intuição, agudeza de engenho, a do médico que aplica os remédios mais modernos para evitar o risco de uma doença congênita, que põe talvez em perigo a vida da criatura ainda não nascida?"

* * *

Procurei cumprir o que anunciava no começo: recopilar palavras, reunir episódios que ilustram o amor de Mons. Escrivá pelos doentes; a sua dileção pelos médicos e enfermeiras; a sua doutrina luminosa feita com os resplendores de uma fé viva, de uma esperança gozosa, de uma caridade transbordante. E para que a lembrança destes ensinamentos perdure em nós, retenhamos na memória umas palavras que, nascidas da sua fortaleza de saber-se filho de Deus, podem servir-nos como resumo da sua maneira afirmativa de ver as coisas daqui de baixo: "Sem medo da vida e sem medo da morte".

MEU ENCONTRO COM JOSEMARIA ESCRIVÁ

Peter Berglar[1]

I. Prólogo

O título que encabeça estas linhas não diz: "Com Monsenhor Josemaria Escrivá", o que já *é*, por si só, um primeiro testemunho. Foi "Monsenhor" aqui na terra, mas nunca pude encontrar-me com ele

---

1 Peter Berglar nasceu em Kassel, na Alemanha, em 1919. Filho de um jornalista, estudou Medicina, profissão que exerceu durante cerca de vinte anos. Mais tarde doutorou-se em História, e de 1970 em diante foi professor dessa disciplina na Universidade de Colônia. Alcançou renome mundial como historiador, jornalista e escritor, tendo publicado mais

aqui. Não o vi nem o ouvi, não lhe falei nem mantive correspondência com ele enquanto vivia. Neste sentido, encontro-me em inferioridade de condições com relação a muitos milhares de pessoas que tiveram essa sorte, para não falar de tantos que o conheceram de perto e puderam com frequência estar ao seu lado durante um tempo mais ou menos longo.

Seja como for, falo de "encontro", e qualifico-o — prescindindo do meu casamento — como o mais importante da minha vida. Esta afirmação requer sem dúvida uma explicação, para a qual não bastam vocábulos genéricos do tipo "intelectual"

---

de vinte livros, além de ensaios, artigos e conferências. João Paulo II concedeu-lhe a Comenda da Ordem de Santiago pela sua biografia sobre *São Thomas More*, e a sua obra sobre *O Opus Dei. Vida e obra do Fundador, Mons. Josemaria Escrivá* foi publicada pouco antes do seu falecimento, em 1989.

O ensaio que se reproduz aqui foi publicado originalmente em *Mons. Josemaría Escrivá de Balaguer y el Opus Dei*, EUNSA, Pamplona, 1982, págs. 351-362.

ou "espiritual", corretos mas nada específicos. Pretendo com estas linhas dar relevo ao aspecto concreto e individual, à realidade pessoal — ligada a uma pessoa de carne e osso — desse encontro decisivo — providencial, no sentido estrito da palavra — que na verdade foi "somente" de natureza intelectual e espiritual.

Por que este propósito? Certamente não sou nenhuma "testemunha especialmente qualificada" para falar de determinada iluminação obtida graças ao Fundador do Opus Dei, nem do que significa a vocação para a sua Obra. Mas escrever é a minha profissão, e seria quase anormal que me calasse sobre o acontecimento que deu início à minha cronologia atual: os anos posteriores ao meu encontro com Josemaria Escrivá são profundamente diferentes dos decênios anteriores, embora não estejam totalmente separados deles.

Talvez seja esta uma experiência que compartilho com quase todos os que tiveram um encontro com o Fundador do Opus Dei, por certo não como eu, mas da forma mais normal e direta: de pessoa a pessoa. Justamente porque, no meu caso, as coisas não foram assim, é que fiquei impressionado e induzido a refletir sobre essa experiência, sobretudo a partir do momento em que a morte de Josemaria Escrivá impossibilitou para sempre que me encontrasse com ele na terra. É surpreendente — confesso-o com toda a sinceridade — que eu tenha reagido tão moderadamente à notícia da sua morte, apesar de já então se ter previsto que pudesse entrevistar-me com ele em Roma, na primavera de 1976. Como eu desconhecia essa possibilidade, não senti a dor que teria sentido se soubesse o que estava perdendo: ficava irrevogavelmente privado de um dom único e irrepetível.

Por outro lado, porém, alguma coisa vinha acontecendo no meu íntimo. Não foi somente por inércia e desconhecimento que recebi a notícia da morte do Fundador com uma espécie de pêsame convencional; na realidade, apesar de só ter tomado consciência disto mais tarde, eu já estava a caminho do *meu* Emaús, e ele caminhava ao meu lado havia um bom tempo, mas tão calada, cuidadosa e discretamente que quase não o via na névoa dos meus próprios pensamentos, que quase não o ouvia no meio do barulho das minhas próprias palavras. A cronologia normal parecia ter ficado em suspenso: apesar de ainda ser um homem que vivia neste planeta, empenhado em cheio e até o seu último alento na realização da tarefa divina que lhe fora destinada na história humana, ele acompanhou-me durante os doze meses decorridos entre junho de 1974 e junho de 1975 — tal como nos acompanham os santos do céu e tal como ele próprio manifestamente o faz desde o dia 26 de junho de 1975, tal como o fará sempre.

Em outras palavras, Josemaria Escrivá não só se encontrou visivelmente com muitos milhares de pessoas ao longo dos cinquenta anos da sua vida sacerdotal, não só formou e dirigiu de forma muito pessoal milhares de filhos espirituais seus em todo o mundo, mas entrou também — invisível e imaterialmente — em muitos corações e almas de pessoas que não o conheciam diretamente; mais ainda: que quase nada sabiam dele. Ignoramos quantas são; temos notícia dos frutos unicamente nos casos em que os interessados, ao repararem donde procedem, os põem de manifesto.

Utilizo de propósito a expressão "entrar no coração, entrar na alma" porque, embora pareça um pouco solene, deseja expressar que se trata de uma ação existencial e qualitativamente diferente da publicação de um bom livro que enriqueça os outros, da influência através do ensino e da palavra, e mesmo da atração exercida pelo exemplo e pela simpatia humana. Tudo isso pode preceder ou acompanhar essa ação, e — graças a Deus — com frequência o fará; mas o que é próprio e específico dessa "invasão da alma" (e este "específico" significa, ao mesmo tempo, "mais") é que se trata de uma ação exclusivamente divina. É Deus quem envia o "conquistador", quem lhe dá a chave para abrir uma determinada alma e o deixa entrar nela para realizar uma tarefa bem clara: por exemplo, limpar e arrumar as coisas, colocá-las no seu devido lugar, abrir as cortinas ou as janelas...

Tudo isto pode acontecer num instante, sem ruído, sem que se note, à margem do tempo e do lugar. Nestes casos, porém, sempre acontece que Jesus Cristo aparece logo em seguida: não é o servo, o precursor, quem se senta à mesa, mas o Senhor que o enviou. Este é o sentido das palavras do Batista: *Illum oportet crescem, me autem minui* (Jo 3, 30)[2], palavras pelas quais o Fundador do Opus Dei sentia especial predileção: aplicava-as a si mesmo, pedindo constantemente ao Senhor a graça de poder desaparecer por completo, para que, no seu trabalho, no seu apostolado, se visse única e exclusivamente Cristo.

No entanto, uma vez que o coração percebeu *Quem* é aquele que quer viver nele, costuma reconhecer igualmente

---

2 "Convém que Ele cresça e eu diminua" (N. do T.).

aquele que preparou e acompanhou a sua entrada. No meu caso, também foi assim, apesar de uma certa lentidão, e quando afinal caí na conta do que havia acontecido, já era demasiado tarde para, aqui na terra, dizer "muito obrigado" ao meu benfeitor, que permanecera invisível. O desejo de reparar esta omissão é, juntamente com a minha inclinação para escrever, o segundo motivo deste meu relato. E existe ainda um terceiro, de caráter mais propriamente profissional e talvez específico do historiador, que se refere ao momento e à forma do meu encontro com Josemaria Escrivá. É o que eu gostaria de denominar o "fenômeno do imediatismo histórico".

Que quero dizer com isso? Muitos milhares de pessoas, durante a sua vida nesta terra, encontraram Jesus Cristo. Embora esse encontro seja *sempre* um dom da graça e algo pessoal, sobrenatural e espiritual, o seu lugar na história da salvação, as suas circunstâncias individuais e a sua roupagem histórica são diferentes.

Por um lado, estão os que conviveram com Jesus, os que o conheceram pessoalmente, os que o viram, ouviram, tocaram talvez; os que foram testemunhas do seu caminhar terreno desde o presépio em Belém até à Cruz no Calvário, os que andaram, falaram e comeram com o Ressuscitado. É um número exíguo em comparação com o total da humanidade, que se dispõe ao redor de Cristo por assim dizer em círculos concêntricos, desde os mais íntimos, os que estiveram mais perto dEle — como Maria e os Apóstolos, seus amigos —, até os desconhecidos, os que se cruzaram com Ele por um momento fugaz.

Diante desses poucos que *viram a salvação*, e no meio dos quais viveu o artesão, *o filho do carpinteiro*, *perfectus Deus*, *perfectus homo*[3], encontra-se o povo de Deus, nascido do Sangue derramado do seu lado aberto, caminhando através do tempo e da História; o povo dos que, *neste mundo*, "só"

---

3 "Perfeito Deus e homem perfeito", Símbolo Atanasiano (N. do T.).

podem relacionar-se com Cristo como Igreja, na fé e nos Sacramentos.

Entre esses dois grupos, há uma geração de transição que merece ser especialmente mencionada porque está junto do Senhor, não numa proximidade material ou sensível, mas numa situação de imediatismo histórico: são as primícias do apostolado. A esta geração pertencem os que ouviram falar do Senhor e da sua atuação quando ainda vivia, mas não o encontraram pessoalmente na Palestina (talvez o nome de alguns tenha sido comunicado e recomendado ao Mestre, que possivelmente rezou por eles), e, além disso, todos aqueles que, depois da vida terrena de Jesus, foram levados a Cristo pelos Apóstolos e discípulos, ou por outras pessoas que haviam chegado à fé depois de um encontro pessoal com Ele. Este grupo de pessoas, claramente delimitado na história, do qual o evangelista Lucas é um representante destacado, constitui a primeira colheita apostólica na história da Igreja, e conduz-nos quase ao limiar do século III. Só a partir desse momento é que se pode dizer definitivamente que deixou de haver quem conhecesse uma testemunha ocular e auricular do Salvador.

O que é válido para a Igreja universal é igualmente válido (de modo análogo e mantendo as devidas proporções) para as fundações e instituições que o Espírito Santo inspira no seio dela. Não há necessidade de explicá-lo em detalhe. Em cada caso particular, chega um momento a partir do qual já não vive nenhum amigo, colaborador, companheiro ou contemporâneo relacionado por algum motivo com um amigo, colaborador, companheiro ou contemporâneo que teve alguma relação com o Fundador. Dito de outra maneira: chega um momento em que o cordão umbilical da união material, sensível e "natural", com o Fundador de carne e osso se rompe definitivamente, dando lugar, daí por diante, ao vínculo puramente espiritual e sobrenatural da fidelidade e do amor.

Nesta disposição transparece a Sabedoria de Deus: o homem é fraco no seu conhecer, querer e agir, e precisa da ponte dos sentidos. Quer ouvir, ver e apalpar para amar. O desprendimento do material, o "treinamento" no invisível, só se produz pouco a pouco; e enquanto a densidade da realidade material, da corporeidade, decresce lentamente, cresce a proximidade intelectual e desenvolve-se a comunidade espiritual. Tanto no âmbito biológico como no histórico, é possível determinar com exatidão esta fase de enraizamento: abarca duas gerações. A terceira geração tem de conformar-se com a carência de qualquer "contato direto" na terra com o Fundador.

Estas considerações prévias parecem-me importantes, pois eu mesmo me encontro no começo dessa "segunda geração" que, ao mesmo tempo, é a primeira dos filhos espirituais de Josemaria Escrivá a não conhecer pessoalmente o seu Pai espiritual. Sim, é verdade: pertenço em sentido estrito à primeira geração "póstuma" dos seus filhos. Não posso lembrar-me dele como o pode fazer a "primeira geração", porque nunca o encontrei fora do meu íntimo.

II. O encontro inadvertido

Em 1962, um primo meu deu-me de presente um exemplar de *Caminho*. "São regras de vida — disse-me — de um sacerdote espanhol que também fundou não sei que instituição. Algumas coisas me agradaram bastante. Talvez lhe interesse". Depois de folheá-lo rapidamente, constatei: "Ah, são aforismos, mais ou menos como o *Oráculo manual* de Baltasar Gracián ou as *Reflexões e máximas* de Goethe". Coloquei-o na minha biblioteca, na seção "Livros diversos", e esqueci-o completamente. Sem dúvida, este fato não merece o nome de "encontro" com o autor de *Caminho*; quando muito, era um encontro com o seu nome, que até então jamais tinha ouvido.

Em fins do semestre letivo do inverno de 1973-74, veio à minha sala, na Universidade, um estudante que queria consultar-me sobre diversos pontos relativos às minhas aulas. Ao terminar — eu me tinha posto em pé —, espetou-me a seguinte pergunta: "Professor, o senhor acredita que Deus é o Senhor da história?" Voltei a sentar-me, um tanto desconcertado, pois quase nunca se fala de tais assuntos na Universidade; os alunos nunca os propõem, pois são considerados pouco científicos. "Já que me pergunta tão diretamente — respondi depois de uma pequena pausa —, sim, acredito". Silêncio. O diálogo interrompera-se. Por fim, acrescentei num tom algo acadêmico: "Mas este é um tema amplo e complicado que não se pode tratar em dez minutos, num escritório". Contudo, continuamos a conversar durante algum tempo sobre o tema — já não me recordo exatamente do que dissemos — e, à noite, falei com a minha mulher da "pergunta pouco convencional" que me fizera esse estudante do terceiro semestre de História. Não imaginava então que este tinha sido o primeiro contato com o Opus Dei, ao qual pertencia o estudante em questão, conforme soube mais tarde; e também o primeiríssimo contato com o seu Fundador...

Passaram-se meses antes que voltasse a encontrar aquele estudante. Pediu-me que continuássemos a conversa "daquele dia", e disse-me que queria trazer um amigo, estudante de História da Arte, que tinha "um interesse candente" pelo tema. O colóquio entre os três ocorreu no dia 8 de junho de 1974, na minha casa. Passei uns ótimos momentos — por assim dizer — desenvolvendo diante deles as minhas elucubrações e opiniões sobre o problema da Providência divina e da liberdade humana na História, sobre o misterioso entrelaçamento entre a História e a salvação. Estou certo de que falei demais. Mas tinha diante de mim dois ouvintes atentos, pacientes, de olhar franco e bem humorados. Essa sua atitude ficou-me gravada por contraste — um contraste notável — com a de boa parte dos jovens com quem me relacionava diariamente.

Como a minha loquacidade e ardor mal deram oportunidade a que os meus visitantes tomassem a palavra, tiveram poucas possibilidades de fazer objeções ou de observar alguma coisa. Mas isso não parecia ter importância para eles. Se por acaso falamos do Opus Dei e de Monsenhor Josemaria Escrivá, foi muito marginalmente. "São gente simpática — disse à minha mulher quando se foram —; irradiam qualquer coisa de alegre. Demos boas risadas juntos". Compreendi depois que nesse momento tinha aprendido uma grande lição sobre o fundamento de qualquer apostolado: sem uma alegria sincera, que reflita a certeza da Redenção, contagiosa porque exprime uma cordial dedicação aos outros, ninguém pode atrair as pessoas para Jesus Cristo.

Durante as férias que passei na nossa pequena casa de campo, chegou-me um convite para dar uma conferência num Simpósio do Centro Romano di Incontri Sacerdotali (CRIS), que se realizaria em Roma, entre 11 e 13 de outubro. A atração exercida por essa cidade fez com que eu não hesitasse muito em aceitar o convite. Simultaneamente, de 17 de setembro a 28 de outubro de 1974, celebrava-se em Roma o Terceiro Sínodo dos Bispos sobre "A Evangelização no mundo contemporâneo", tema no qual também se centrava o

Simpósio do CRIS: "Exaltação do homem e sabedoria cristã". Combinamos que eu daria a primeira conferência, sobre "História universal e reino de Deus"; no dia seguinte, à tarde, o filósofo espanhol Antônio Millán Puelles (Madri) falaria sobre "O problema ontológico do homem como criatura"; e no terceiro, como ponto culminante, seria a vez da conferência do Cardeal de Cracóvia, Karol Wojtyla: "A Evangelização e o homem interior".

Entretanto, já me tinham informado que o CRIS era dirigido intelectual, espiritual e pessoalmente por sacerdotes pertencentes ao Opus Dei, que a sede central da Obra estava em Roma e que o seu Presidente Geral era aquele Monsenhor Josemaria Escrivá de quem eu ouvira dizer que ensinava, sobretudo aos cristãos correntes, aos leigos, a seguir Cristo coerentemente, e cujo livro *Caminho* continuava sem ter lido. Quando comentei essa minha viagem já próxima com os meus amigos e conhecidos, pude comprovar que a maioria não sabia nada ou quase nada acerca do Opus

Dei e do seu Fundador, mas que alguns tinham "prevenções". O tom vago e impertinente que adotaram surpreendeu-me, mas também despertou-me suspeitas quanto ao conhecimento de causa e, em parte, quanto à honestidade dos meus interlocutores.

Contudo, no fim das contas, esse veneno não deixou de surtir efeito. Com certa reserva interior e com o propósito de "tomar cuidado", minha mulher e eu partimos, no dia 7 de outubro, com destino à Cidade Eterna. Na escalada do meu "encontro" com Josemaria Escrivá, eu havia alcançado, sem o saber, um terceiro degrau: depois daquele primeiro encontro com o seu nome, doze anos antes, e a seguir com dois simpáticos "representantes" (assim os denominava), encontrava-me agora com a calúnia. Não se deve querer evitar esta experiência angustiosa — aliás, não costuma ser possível fazê-lo —, pois é parte integrante de qualquer processo de esclarecimento interior.

As nuvens pesadas com que deixara Colônia de manhã haviam-se dissolvido à tarde sem deixar qualquer vestígio: um claro céu romano estendia-se acima de mim e dentro de mim. E prosseguia tranquilamente o meu encontro velado e inesperado com Josemaria Escrivá — nos seus filhos. Durante essa semana, conheci bastantes deles: alemães e austríacos, italianos e espanhóis, sacerdotes e leigos. Todos conheciam pessoalmente o Fundador, e alguns estavam havia muito tempo ao seu lado, mas não refleti nem um segundo sobre esse aspecto, que não me chamou a atenção e quase não foi mencionado nas nossas conversas.

Hoje, tudo me parece muito estranho: contrariamente ao meu modo de ser, não crivei ninguém de perguntas sobre o Opus Dei e sobre o seu Presidente Geral, não fiz nenhum esforço por encontrar-me com ele, e permaneci impassível diante da notícia de que, esgotado por uma longa viagem de catequese pela América do Sul, tinha-se retirado por alguns dias e não recebia visitas.

Mas, por outro lado, ninguém me "importunou" com o tema do Opus Dei, ninguém tentou dirigir artificiosamente a conversa para o assunto nem procurou dar-me explicações e informações que eu não havia pedido. Ninguém me fez perguntas sobre a minha vida interior, sobre a minha vinculação à Igreja ou sobre a minha participação nos Sacramentos. Passou muito tempo até que eu reparasse que havia recebido um presente de imenso valor: o perfeito "apostolado da amizade".

Muito antes de eu ter começado a adquirir conhecimentos exatos sobre a Obra, de ter lido um livro do Fundador, muito antes de ele próprio se ter aproximado da minha inteligência e da minha alma, mãos amigas já me haviam conduzido, prudente e suavemente, quase sem que eu o percebesse, ao caminho que ele havia traçado. E muito antes de eu ter "entendido" esse caminho — e é tão fácil, e tão difícil, entendê-lo como percorrê-lo —, já o amava, porque o via como um caminho de *laetitia in cruce*[4], de

---

4 "Alegria na Cruz" (N. do T.).

trabalho no mundo por amor a Deus e aos homens, de entrega sem dramaticidade, de encontro consigo mesmo e de libertação da tirania do "eu" que o jugo do medo e do orgulho desmedido e do tédio profundo nos impõem.

Vi-o assim porque aqueles que conhecera viviam tudo isso com toda a serenidade e naturalidade, com veracidade e com uma notável paz interior. E viviam-no dessa forma porque, com a graça de Deus, assim tinham aprendido daquele a quem chamavam "Padre" — e realmente era pai, de um modo mais profundo e mais amplo do que eu era capaz de compreender então. Reconhece-se a boa árvore pelos seus bons frutos: naquela ocasião, em Roma, e muitas outras vezes depois, tive a sorte de comprovar a realidade dessas palavras do Senhor. E, um belo dia, também percebi até que ponto esse "encontro sem encontro" com Josemaria Escrivá era a realização da sua ânsia de ocultar-se e desaparecer totalmente, para que só Jesus brilhasse.

Mesmo correndo o risco de repetir-me, não me cansarei de explicar que o meu encontro com o Fundador do Opus Dei, no seu primeiro e decisivo estágio, não só não foi de natureza material, como também não foi intelectual; não se deu através da "leitura", pela qual uma pessoa se encontra com o autor e reflete sobre ele e sobre as suas afirmações. Deu-se através dos seus filhos espirituais, sem ruído, sem ser visto, a princípio até sem ser notado. Precisamente nisso vejo hoje uma graça especial: era necessário que a porta do coração fosse aberta de tal maneira que um "eu" covarde ou preguiçoso (e, em qualquer caso, cego) não pudesse mantê-la fechada ou voltar a fechá-la. Foi, para usar uma comparação, como se se fizesse um grande favor a alguém que estivesse dormindo ou sonhando (um favor que ele talvez não aceitasse se estivesse acordado), e essa pessoa pouco a pouco abrisse os olhos e começasse lentamente a tomar consciência da dádiva recebida, reconhecendo paulatinamente o seu benfeitor, e só chegasse à clareza depois de ter colocado a cabeça sob um jorro de água fria.

Devo necessariamente renunciar a uma narração detalhada desta parte "noturna", "inicial" (que a alma, na sua sonolência, não percebe), do meu encontro com Josemaria Escrivá. Direi somente que, anos mais tarde, soube que ele havia rezado por mim desde o preciso momento em que o estudante de Colônia, que me acompanhara a Roma, lhe tinha falado de mim. Essa oração, tenho a certeza, motivou o meu despertar, dando início à segunda fase do meu encontro com ele, à fase espiritual, de clareza meridiana, da qual participavam o entendimento e a vontade.

III. De Roma a Roma

Voltei à Alemanha transformado. Não se trata de uma afirmação posterior, de uma interpretação autobiográfica do passado, mas de uma apreciação desapaixonada que fiz já naquela época e que, pouco tempo depois, já conseguia definir. E, o que é mais convincente: também as outras pessoas foram capazes de perceber rapidamente essa transformação, embora eu mesmo ainda não tivesse reparado na transcendência e nas repercussões que ela trazia consigo.

Tinha cinquenta e cinco anos e era católico desde os meus tempos de estudante, havia mais de três decênios. A minha vida, em diversos aspectos, seguira um rumo pouco convencional; transcorrera amiúde de modo intranquilo e mesmo instável, por fora e por dentro. Quase sempre fora um êxodo pela selva, ávido de "vicissitudes" e de "novidades", ansioso por vivências. Embora nunca me tivesse afastado completamente da Fé e da Igreja, a minha arbitrariedade autocrática, não precisamente irresoluta, manejava as duas como se fossem um depósito de fundos espirituais, do qual podia retirar ou ao qual podia acrescentar isto ou aquilo, ao sabor do capricho, que podia valorizar ora de uma, ora de outra forma, e que às vezes deixava inteiramente de lado.

No momento em que o estudante me perguntou pelo "Senhor da história", parece-me que no meu interior reinava a "bonança". "Diante da sua cabana, sossegado e à sombra, está sentado o lavrador", poderia dizer com Hoelderlin, "e a lareira fumega diante do homem austero"... Os filhos estavam crescidos, tinha netos, algumas das coisas que *Caminho* enumera no ponto 63 poderiam referir-se à minha pessoa[5]. A bússola apontava na direção oposta à do "mundo" turbulento e vulgar, na direção de um prazeroso retiro na casa de campo, para enfim escrever e somente escrever, para enfim ter a tranquilidade de poder realizar a "obra-prima". Ou, citando

---

5 "Tu — pensas — tens muita personalidade: os teus estudos (teus trabalhos de pesquisa, tuas publicações), a tua posição social (teus antepassados), as tuas atuações políticas (os cargos que ocupas), o teu patrimônio..., a tua idade — não és mais uma criança!... Precisamente por tudo isso necessitas, mais do que outros, de um Diretor para a tua alma", Josemaria Escrivá, *Caminho*, n. 63.

mais uma vez Hoelderlin: "Cheia de paz e serenidade é a velhice"... Mas o que esse verso final da *Fantasia vespertina* diz era justamente o que me faltava: não podia falar de paz nem de serenidade; nem, bem vistas as coisas, de velhice.

Foi precisamente nisso que se baseou a "transformação romana": graças ao exemplo concreto de homens que seguiam o caminho de Josemaria Escrivá, cheguei a experimentar ali — e até certo ponto a entender o que estava experimentando — que Deus quer servir-se de homens que sejam cooperadores e corredentores com Cristo no mundo, e que procurem, com todas as forças, imitar a sua vida, os seus trinta anos de trabalho oculto, o seu amor, os seus ensinamentos e a sua dor. E compreendi que é desse esforço — e somente dele e de nada mais — que provêm a paz, a alegria, a serenidade do coração pelas quais todo o homem anseia e que muitos querem atingir por meios inadequados.

Durante décadas, eu havia formulado pensamentos e ideias mais ou menos judiciosos, mais ou menos atilados, em livros, artigos e conferências. Contudo, os homens à minha volta, as condições de trabalho, a realidade que me rodeava representavam para mim um "estorvo", coisas que me "incomodavam" e que diminuíam o isolamento e a privacidade a que eu tinha "direito". É bem verdade que os temas da religião, da fé, da "reflexão sobre Deus" sulcavam quase todos os meus escritos, porém mais ou menos como se um historiador naval oriundo da Suíça central escrevesse sobre a história da navegação sem nunca ter visto o oceano e sem jamais ter pisado um navio. Sim, *esta* foi a natureza da transformação: uma operação nos olhos. Tinham-me, como se diz, "aberto os olhos"; operaram-me das cataratas que, durante tantos anos, só me tinham permitido ver o mundo através do véu nebuloso da abstração e do egocentrismo, duas atitudes que mantêm uma peculiar relação mútua.

Ainda me lembro com exatidão de que, nas conferências que tive de dar em três cidades, imediatamente depois da viagem a Roma, encarava o meu público *de outra maneira*, ouvia os participantes das discussões *de outro modo*, quase me atrevo a dizer que reparava nas pessoas (na encarregada do guarda-roupa, no porteiro, na vendedora e no empregado da bilheteria), em cada pessoa, de uma forma nova, natural, viva. Senti imediatamente o desejo (e, pouco a pouco, também a capacidade) de tornar os que me cercavam participantes da amorosa atenção de que eu mesmo tinha sido objeto. Isso foi consequência em primeiro lugar — hoje o sei — da oração de Josemaria Escrivá, que a princípio ocultou-se aos meus olhos; consequência também do exemplo que os seus filhos espirituais me haviam transmitido com amizade e naturalidade; e, por último, do contato — inicialmente lento, depois cada vez mais intenso — com a vida e com os escritos do Fundador.

Por mais que o repita, é impossível dar uma ideia adequada do modo como o seu espírito saía ao meu encontro nas inumeráveis coisas pequenas, às vezes em traços mínimos, em detalhes quase imperceptíveis, que, em suma, representam o conteúdo concreto do seguimento de Cristo tal como Josemaria Escrivá o havia ensinado aos seus; e como esta forma de encontro era, no fundo, o que contagiava. Sobre este tema, poderia escrever páginas inteiras, mas citarei um só exemplo.

Eu havia combinado ir a um Centro da Obra, em Colônia, no dia 27 de junho de 1975. Ainda não sabia nada acerca da morte do Fundador, ocorrida no dia anterior. Quando ali cheguei, à tarde, inicialmente não notei nada de extraordinário; tudo parecia normal como sempre. Só quando me disseram, com grande serenidade, que o Padre havia falecido repentinamente, e me pediram que rezasse pela sua alma, é que me chamou a atenção como era possível conciliar tão profunda dor com essa paz não menos profunda.

A seguir, tudo transcorreu de acordo com a finalidade da minha visita, sem que se insistisse mais sobre esse fato que significava um agudo choque, uma enorme dor para os membros da Obra. Suponho que também naquela tarde falei sobretudo de mim mesmo, e os meus amigos escutaram as minhas palavras pacientemente, com o carinho de que lhes dera exemplo o seu Fundador. Quando me despedi, convidaram-me a assistir três dias mais tarde — com a minha mulher — a um filme da viagem de Monsenhor Escrivá à América do Sul, no verão de 1974.

A atitude dos meus amigos perante o inesperado falecimento do seu Pai espiritual, a quem amavam tanto, impressionou-me mais profundamente ainda e convenceu-me muito mais da autenticidade do seu caminho do que teriam podido fazê-lo umas palestras intermináveis. Essa atitude serena estava bem longe de uma equanimidade desencarnada, pois não escondiam a ferida que carregavam no coração; era aceitação da Vontade de Deus por parte dos seus filhos, com uma confiança inquebrantável; e a alegria que provinha dessa filiação era luz que iluminava até mesmo a noite mais escura, e desfazia o sofrimento natural como o sol dissipa a neblina.

No dia 30 de junho de 1975, minha mulher e eu *vimos* pela primeira vez Josemaria Escrivá, ainda que fosse somente num filme, o que é infinitamente menos do que ver a pessoa corporalmente, mas muito mais do que uma fotografia. Vimo-lo e *ouvimo-lo*. Éramos cinco pessoas: nós dois, dois membros da Obra — e o Fundador. Sim, ele estava ali, perceptivelmente. Parecia preencher todo o aposento, e estava diante, junto e dentro de cada um de nós. Se não me engano, projetaram-nos um filme que documentava uma tertúlia em Santiago do Chile, no dia 6 de julho de 1974. Eu tinha a sensação de estar sentado no meio daquela sala e de ser um dos seus interlocutores (tinha também tantas perguntas a fazer!), e de que ele me reconhecia entre os outros, chegando até o fundo da minha alma, e de que ria e ao mesmo tempo estava sério, e me respondia muito pessoalmente, mas de modo que todos os outros também entendiam o que precisavam entender.

Naquela tarde, começou o meu encontro consciente — intelectualmente procurado e desejado — com Josemaria Escrivá. Li (esta foi a primeira coisa e a mais importante) de forma sistemática, do princípio ao fim, *Caminho*, não uma só vez, mas muitas. Pouco a pouco, fui compreendendo o segredo desse livro: os 999 pontos, à primeira vista, podem parecer prudentes regras de vida ou bem torneados aforismos; além disso, no começo pensa-se: "Bem, esta frase e aquela outra são especialmente acertadas, essa outra não me diz respeito, aquela só em parte..." Por isso, tanto uma mente simples como uma cabeça complicada, uma inteligência pouco culta e uma superfilosófica, podem ambas "interessar-se" por ele, até que por fim se veem fascinadas e acabam por reconhecer — cada uma por conta própria e ao seu modo — que os 999 pontos se assemelham a uma profunda cisterna que a nossa reflexão quase nunca chega a sondar totalmente. Foi o que descobri: *Caminho*, como todas as grandes obras literárias e artísticas, ajusta-se plenamente a qualquer capacidade intelectual. Se houver alguma pessoa a quem este livro "não diga absolutamente nada", certamente será porque ele próprio não diz nada a si mesmo.

Nessa ocasião, anotei à margem alguns parágrafos concretos que, somados, dão como resultado o esquema de um autorretrato que, apesar de registrar os traços que eu tinha nos anos 1974-76, ao mesmo tempo, como um bom retrato, registrava também aspectos positivos e negativos permanentes do retratado. Depois da leitura de *Caminho*, veio a de *Questões atuais do Cristianismo*, *Santo Rosário*, das homilias publicadas até então só como folhetos, e finalmente de *É Cristo que passa*, o primeiro livro de homilias, publicado em alemão em 1975. Se digo "leitura", o termo é correto somente visto de fora. Tratava-se na verdade de uma conversa na qual Josemaria Escrivá lutava agora por conquistar também a "minha" cabeça, depois de já me ter conquistado o coração, em boa parte vencido graças à sua simpatia humana.

Agora falava comigo com as palavras claras, profundas, e no entanto simples, dos seus livros, e dirigia-se diretamente a mim em tudo o que me contavam a seu respeito e nos filmes a que assistia de vez em quando. E como eu nunca fui um bom "calador", respondia-lhe da melhor maneira que podia, dentro da minha capacidade de então. Não vem ao caso comentar aqui essas respostas, pois produziam-se no interior da minha alma, no despertar (ou no ressurgir) paulatino da vida espiritual. Mas, ao mesmo tempo e inseparavelmente, respondia com atos externos, como é comum nos escritores: a sua vida interior verte-se e concretiza-se em tinta. Os que "suportavam" essa minha reação eram, neste caso, sobretudo, os meus amigos de 1974, que de tempos a tempos recebiam um dilúvio de cartas.

O meu desejo de responder ao Fundador do Opus Dei — por quem me sentia chamado no mais profundo da minha pessoa e a quem com uma frequência cada vez maior chamava "Padre" — crescia incontidamente. E, pouco a pouco, eu compreendia que somente se podia dar essa resposta com *toda* a pessoa, isto é, em e através da unidade de vida. Mas esse conhecimento permanece mera teoria enquanto não é formulado em primeira pessoa, trazendo consigo a decisão de tomá-lo a sério, de dizer "sim" à tarefa de transformar o conhecimento (uma dádiva providencial do nosso Pai-Deus) em vida diária, cotidiana, e de fazê-lo até o último instante. Este "sim" é bem diferente e muito mais do que a "adesão" a uma instituição honrada. Chama-se, com pleno direito, *vocação*.

Muitas vezes chamei Josemaria Escrivá um "libertador", tanto num sentido pessoal como em referência a toda a Cristandade. Insisto nessa palavra. Por quê? Porque cobrir o abismo que existe no coração e na cabeça de muitas pessoas (talvez nos da maioria, nos tempos que correm), cobrir o abismo entre fé e ciência, razão e sentimentos, e, sobretudo, entre a "vida cotidiana normal" e a filiação divina,

219

e cobri-lo a partir do conhecimento, a partir da vontade, e indicando o caminho e os meios para fazê-lo — esse é um ato libertador incomensurável, que ainda não foi totalmente compreendido, nem mesmo em parte. A esse ato, sim, é que se pode aplicar, com toda a propriedade, o termo "teologia da libertação".

Ao meu encontro consciente com o Fundador do Opus Dei na inteligência seguiu-se, por fim, de acordo com a lógica divina e humana, o encontro consciente no amor. Também este é um acontecimento interior que se subtrai à exposição "literária", mas que está vinculado ao tempo e ao espaço. Imediatamente depois de um retiro em Castello di Urio, na Itália setentrional, fui até Roma, desta vez não como turista ou como conferencista, mas como peregrino — para escutar. Não tinha outra meta senão a Cripta situada na sede central da Obra, onde, havia nove meses, repousava o "libertador". Quando pela primeira vez me ajoelhei ali, junto à despojada lousa de mármore negro com as palavras "El Padre", na tarde do dia 5 de abril de 1976, abarquei num só olhar, com uma clareza absoluta, meridiana, toda a minha vida até aquele momento, os meus 57 anos.

No meio da dor que nascia da contemplação desse panorama, experimentei a imensa alegria de reconhecer que, apesar dos pesares, a minha vida tinha sido um caminho que me conduzira até ali. Libertado da obsessiva ilusão — herança do burguês ilustrado do século XIX — que exigia de mim que realizasse a minha própria vida como uma "obra de arte" ou como um "monumento", sob pena de ter de considerá-la fracassada e "indigna de ser vivida", experimentei sem o menor obstáculo a alegria de ter sido descoberto na praça do mercado pelo Senhor da vinha, que me oferecia um trabalho à última hora.

Ao jovem, a maior meta da sua vida parecera-lhe chegar a obter um pedestal de mármore no Olimpo de Goethe; mas quem já se dirigia para a velhice estava contente e agradecido de poder recolher um par de pedras no campo do Senhor. Esta "correção de rota" foi o fruto do meu encontro com Josemaria Escrivá. No dia seguinte, quando me encontrei diante do seu sucessor, D. Álvaro del Portillo, soube que terminara o tempo de peregrinação em busca do encontro, e que começava o tempo de trabalho sob o olhar do Fundador do Opus Dei.

Direção geral
Renata Ferlin Sugai

Direção de aquisição
Hugo Langone

Direção editorial
Felipe Denardi

Produção editorial
Juliana Amato
Gabriela Haeitmann
Karine Santos
Ronaldo Vasconcelos

Capa
Karine Santos

Diagramação
Sérgio Ramalho

ESTE LIVRO ACABOU DE SE IMPRIMIR
A 19 DE MARÇO DE 2025,
EM PAPEL OFFSET 75 g/m².